Edson Luiz Sampel

Questões de
Direito Canônico

Dados Internacionais de Catalogação na Publicação (CIP)
(Câmara Brasileira do Livro, SP, Brasil)

Sampel, Edson Luiz
   Questões de Direito Canônico / Edson Luiz Sampel. – São Paulo : Paulinas, 2010. – (Coleção Direito Canônico)

   Bibliografia
   ISBN 978-85-356-2600-1

   1. Direito canônico I. Título. II. Série.

10-01433   CDD-262.9

Índice para catálogo sistemático:
1. Direito canônico : Igreja Católica   262.9

Direção geral: *Flávia Reginatto*
Editora responsável: *Luzia M. de Oliveira Sena*
Assistente de Edição: *Andréia Schweitzer*
Copidesque: *Cirano Dias Pelin*
Coordenação de revisão: *Marina Mendonça*
Revisão: *Leonilda Menossi e Sandra Sinzato*
Direção de arte: *Irma Cipriani*
Gerente de produção: *Felício Calegaro Neto*
Capa e editoração eletrônica: *Manuel Rebelato Miramontes*

Nenhuma parte desta obra poderá ser reproduzida ou transmitida por qualquer forma e/ou quaisquer meios (eletrônico ou mecânico, incluindo fotocópia e gravação) ou arquivada em qualquer sistema ou banco de dados sem permissão escrita da Editora. Direitos reservados.

Paulinas
Rua Dona Inácia Uchoa, 62
04110-020 – São Paulo – SP (Brasil)
Tel.: (11) 2125-3500
http://www.paulinas.org.br – editora@paulinas.com.br
Telemarketing e SAC: 0800-7010081
© Pia Sociedade Filhas de São Paulo – São Paulo, 2010

Prefácio

Conheço Edson Luiz Sampel há muitos anos e sempre me impressionou sua permanente preocupação com os grandes temas da Teologia e do Direito Canônico.

Sua dissertação de mestrado – que tive a alegria de prefaciar e que veio a ser veiculada em livro – versou sobre o Direito Canônico e a essência familiar na construção de uma sociedade justa e solidária, a partir dos valores éticos que conformam essa instituição, que, para a Igreja, é necessariamente indissolúvel.

O presente livro, de temática variada, aborda aspectos do Direito Canônico que têm provocado contínua reflexão de canonistas, jusnaturalistas e operadores do Direito.

No entanto, nesta curta apresentação, quero realçar a admiração que nutro pelo autor. Numa sociedade que se esvai num materialismo estéril, numa ânsia egoísta pela autorrealização, que não poucas vezes termina em divãs de psicanalistas, Edson Luiz Sampel tem a coragem de enfrentar e examinar os grandes temas do homem, no universo em que se insere, à luz do Direito Canônico e da doutrina da Igreja Católica Apostólica Romana. Não é um autor "politicamente correto", porque não cede a modismos e à síndrome do holofote, falando o que as pessoas gostariam de ouvir para fugir de seu vazio existencial. Ao contrário, discute, muitas vezes com pessoal visão, os grandes temas da alma e da existência humana, sempre à luz do Direito Canônico.

Tenho, pois, imenso prazer em, uma vez mais, prefaciar, embora de forma perfunctória, uma obra sua.

IVES GANDRA DA SILVA MARTINS

Introdução geral

O objetivo primordial desta obra é comunicar noções básicas de Direito Canônico. Dirijo-me aos vários segmentos da comunidade: leigos engajados, sacerdotes, estudantes de Teologia, de Direito, bem como ao público em geral.

Escolhi alguns temas que reputo importantes. Discorro, por exemplo, sobre as normas principais que regulam a atuação do leigo na Igreja. Como todos sabem, o Concílio Vaticano II conferiu um papel de suma relevância ao leigo. O Código Canônico em vigor, promulgado em 1983, procura pôr em prática as disposições do Concílio.

Escrevo, também, um capítulo acerca do Direito na Igreja, vale dizer, da imprescindibilidade da lei para que a Igreja consiga atingir seu fim: a salvação das almas (*salus animarum suprema lex est*).

O mais sublime dos sacramentos, a Eucaristia, não poderia ficar de fora da ingerência da lei canônica. Neste livro, tento traçar os contornos jurídicos principais que tocam à Santíssima Eucaristia.

O processo canônico também é objeto das minhas reflexões. De fato, é através do processo que o direito é realizado, quando não o é espontaneamente. A Igreja, Povo de Deus, santa e pecadora, tem de fazer uso do processo judicial, tal como o Estado, para que se aplique a justiça ao caso concreto e cada fiel possa exercer seu direito legítimo. No seio da Igreja medram o amor e o perdão, contudo a discórdia, fruto do pecado, constitui-se realidade inexorável. Portanto, ocorrem os litígios, os desentendimentos, como, por exemplo, nos casos matrimoniais. Neste sentido, o processo e os juízes canônicos têm o múnus de apaziguar os relacionamentos e dizer quem tem razão. Desta feita, redigi um capítulo inteiro relativamente à instrução *Dignitas Connubii*, que regula a atuação dos tribunais eclesiásticos nas causas de nulidade de casamento.

A fome é um flagelo que acomete diversos povos. Aqui no Brasil, infelizmente, há compatriotas que sofrem de inanição. Por isso, em análise inédita, retiro do Direito Canônico, mormente do Código Canônico, normas, princípios e parâmetros para que as diversas instituições eclesiásticas, como as dioceses, se comprometam juridicamente no projeto de debelar a fome. O Direito Canônico tem algo a dizer sobre esta catástrofe, pelo menos tacitamente.

Outro ponto acerca do qual disserto diz respeito aos valores católicos inseridos na Constituição brasileira. Outrossim, creio que esta abordagem é inédita. Desafortunadamente, quase ninguém se lembra que somos uma nação majoritariamente católica e que os valores da religião cristã foram inoculados na lei mais importante do país: a Constituição. A começar pelo prefácio, que faz alusão à proteção de Deus, sob a qual os legisladores elaboraram a Constituição. Entre os objetivos que o Brasil, isto é, o povo brasileiro, precisa cumprir encontra-se, no artigo 3º da Constituição Federal, a erradicação da pobreza. Ora, a Igreja, alumiada pelo Evangelho de Jesus Cristo, igualmente apregoa a opção preferencial pelos pobres. O Matrimônio canônico (religioso), reconhecido pelo Estado, e a família são objeto de exame.

Na verdade, para nós católicos, o Direito Canônico está constantemente presente em nossa vida. Nem sempre o percebemos claramente, mas as leis canônicas regram todas as nossas atividades como membros da Igreja fundada por Jesus Cristo.

Erram os que creem que o Direito Canônico vale apenas como referencial histórico. Deveras, o Direito Canônico rege o comportamento de pelo menos um bilhão e meio de pessoas espalhadas pelo orbe terrestre. Nenhum outro ordenamento jurídico estatal tem essa amplitude de incidência. Lamente-se, assim, o fato de a disciplina *Direito Canônico* não constar mais dos currículos das universidades católicas no Brasil, salvo raríssimas exceções. Com este livro não quis esgotar o tema. Com efeito, meu intuito é criar nos leitores o amor pela lei canônica, que é um caminho de libertação. O Direito Canônico veiculado pelo atual Código revela-se autêntica ferramenta de cidadania na Igreja. Se como membros da sociedade política preocupamo-nos religiosamente com nossos direitos, da mesma forma, como membros da sociedade eclesial, devemos exercer nossos direitos e cumprir nossos deveres, a fim de vivermos plenamente nossa vocação batismal.

CAPÍTULO 1

Generalidades sobre o Direito Canônico

À guisa de introdução: o esclarecimento de um mal-entendido

O Direito Canônico pode ser definido como o "conjunto das normas gerais e positivas" que regulam a vida dos fiéis no grêmio da Igreja Católica. Esta definição é de autoria do eminente civilista Radbruch, que não se referiu especificamente ao Direito Canônico, mas tinha em mente o direito em geral.[1] Às vezes, ouvem-se críticas pueris contra a existência do Direito na Igreja. Tacham-no de repressor, dizendo que ele impede a caminhada do Povo de Deus rumo ao *escaton*.[2] Tal postura revela uma visão assaz perfunctória da própria realidade eclesial. Diziam os romanos: *ubi societas, ibi ius*, ou, em outros termos, o direito aparece sempre que ocorrer o fenômeno societário; onde quer que haja seres humanos reunidos para a conquista de determinado objetivo comum.

Tanto a sociedade civil quanto a eclesial perseguem o bem comum. Aliás, é vã qualquer pretensão de criar uma dicotomia entre as "duas sociedades", como se os crentes não fossem também cidadãos. Deveras, trata-se de nuanças diferentes, ou seja, modos peculiares de captar o fenômeno social. Nessa perspec-

---

[1] MONTEIRO, Washington de Barros. *Curso de Direito Civil*. 22. ed. São Paulo: Saraiva, 1983. v. 1, p. 1.
[2] A salvação beatífica.

tiva, a santidade-justiça não é um apanágio do Direito Canônico exclusivamente; o referido binômio tem de encontrar-se no Direito Estatal, permeando-o. Desta feita, não se pode afirmar que existe uma hierarquia entre o Direito Canônico e o estatal, sendo este inferior àquele. Ambos devem ser instrumentos na consecução de uma sociedade justa e fraterna, em que haja vida abundante para todas as pessoas.[3] A propósito, o Direito estatal ou Civil está mais bem aparelhado para levar a cabo este ingente mister, pois conta com os atributos da coercibilidade e da sanção, garantidos pelo Estado. Não se pode incorrer na "heresia" que diviniza o Direito Canônico pelo simples fato de ter sido gestado na Igreja. Não nos esqueçamos que a "barca de Pedro" é santa e pecadora. O Direito Canônico não pode fugir a essa lógica inexorável. Quando, por exemplo, a Constituição Federal prescreve os direitos inalienáveis dos hipossuficientes, fá-lo à luz de valores evangélicos, albergados na sociedade brasileira, cristã-católica. Revela-se, destarte, um portentoso mecanismo no soerguimento dos indefesos e excluídos. O fim do Direito Canônico é a salvação das almas: *salus animarum suprema lex est*, reza o adágio.[4] Todavia, esse desejo não será alcançado só por força do Direito Canônico. O ordenamento jurídico eclesial está decerto a serviço da implementação do Reino de Deus, mas não é, nem de longe, o único elemento em prol desse objetivo soteriológico. O *escaton* começa já na existência atual, *hic et nunc*, consubstanciando-se num mundo à semelhança do Evangelho, isto é, onde as pessoas de todos os credos, ou ateias, vivam com dignidade, tendo o necessário sustento, gozando dos bens sociais, enfim, desfrutando de uma vida que vale a pena ser vivida.

---

[3] Jo 10,10.
[4] Cf. cânon 1.752.

Em suma, podemos concluir esta parte asseverando que o Direito Canônico não é melhor que o Direito Estatal ou Civil, e vice-versa.

A vitalidade do Direito Canônico

Enganam-se os que creem que o Direito Eclesiástico está confinado às sacristias, como se fosse mero repertório de regras para resolver questões atinentes apenas aos clérigos. Basta dar uma passada num tribunal eclesiástico para se ter a exata noção da vivacidade dos institutos canônicos. Nesses sodalícios analisam-se maiormente as causas matrimoniais. Ao largo das duas décadas em que atuei como advogado e juiz dos tribunais eclesiásticos de São Paulo, "contemplei muitos semblantes pesarosos que se desanuviaram com a decretação de nulidade de um Matrimônio malsão".[5] Infelizmente, hoje em dia, as pessoas casam-se sem a devida maturidade, daí o alto número de declarações de nulidade, segundo as estatísticas mundiais dos tribunais eclesiásticos. Sabe-se que, por força de uma injunção expressa de Nosso Senhor Jesus Cristo, o Matrimônio é ontologicamente indissolúvel.[6] Contudo, é preciso perscrutar cada vez mais a autenticidade do Matrimônio-sacramento. Cuida-se de uma realidade vital, que se vai forjando ao longo dos anos, ou melhor, vai se revelando com o tempo. As cortes eclesiásticas estadunidenses muito contribuíram para essa nova visão do Matrimônio. Com efeito, a psicologia moderna atesta que há casamentos nos quais a imaturidade maculou de tal forma o consentimento que não se pode falar em Matrimônio válido. O

---
[5] SAMPEL, Edson Luiz. *Quando é possível decretar a nulidade de um matrimônio?* 3. ed. São Paulo: Paulus, 2006. p. 2.
[6] Mt 19,3-9; Lc 16,16-18 e Mc 10,2-12.

11

cânon 1.095, por exemplo, foi introduzido no atual Código em virtude do labor jurisprudencial dos tribunais americanos.

Além das causas matrimoniais, que são a maioria esmagadora dos litígios, outrossim os tribunais eclesiásticos podem dirimir qualquer lide. Em tese, até mesmo uma reclamação trabalhista poderia ser resolvida por uma dessas cortes. No entanto, prefere-se sempre a via civil ou estatal à canônica, por razões óbvias, especialmente porque os tribunais da Igreja estão tecnicamente desaparelhados para enfrentar tais questões.

A propositura de uma causa de canonização ocorre nos tribunais eclesiásticos, sendo, ulteriormente, remetida ao dicastério competente da Cúria Romana. O importante é ressaltar que o Código atual, definido pelo Papa João Paulo II como o último documento do Concílio Vaticano II,[7] tem a missão de facilitar a caminhada do Povo de Deus. De fato, os princípios emanados do Concílio restariam um tanto quanto debilitados não fosse o ordenamento jurídico a dar-lhes aplicabilidade. A lei está sempre pervadindo nosso dia a dia: quando dirigimos o automóvel, compramos víveres no supermercado etc. Simplesmente não nos damos conta. Ela se torna mais visível no momento em que não a observamos corretamente. Nesse instante surge um conflito de interesses, uma lide, e o problema pode ser levado à justiça. A mesma coisa ocorre no que toca ao Direito Canônico. Ele está constantemente em nossa companhia: ao batizarmos nosso filho, ao recebermos o sacramento da Crisma, ao participarmos da Santa Missa etc. Sua presença é sutil, mas real. Por isso, é um grande engodo acreditar que o Direito Canônico esteja jungido às esferas estritamente clericais.

---

[7] Constituição apostólica *Sacrae Disciplinae Leges*, que promulgou o Código.

Novo Direito Canônico

Com o advento do atual Código, promulgado pelo Papa João Paulo II em 25 de janeiro de 1983, dá-se início a uma novíssima fase do Direito Eclesiástico. O Concílio Vaticano II soprou forte sobre a Igreja, trazendo-lhe uma novel visão de si mesma, abrindo-a ao mundo, aos católicos e acatólicos, a todos os homens de boa vontade. A enorme bênção que foi o Concílio conseguiu resgatar a quinta-essência do Cristianismo, vale dizer, a vivência dos valores industriados por Jesus Cristo: o compromisso com a construção de um mundo justo e fraterno e a opção preferencial pelos pobres. Quem abre o atual Código logo percebe o "perfume" do Concílio; os novos ares que ele transmite à Igreja. Não olvidemos o fato de que o Concílio ainda não foi totalmente implementado. Ousaria afirmar que o Concílio Vaticano II é o Concílio do terceiro milênio. Muito foi posto em execução, mas há ainda um longo caminho a percorrer. Quiçá a grande novidade desse último Concílio tenha sido o tratamento dado aos leigos. Antigamente, nós outros éramos vistos como cidadãos (membros da Igreja) portadores de uma certa *capitis diminutio*, meros receptores dos ensinamentos da hierarquia (diáconos, padres e bispos). Enfatizava-se a distinção entre Igreja docente e discente. O Concílio, felizmente, sob a égide do Evangelho, alumia essa questão, outorgando ao leigo o papel que lhe é devido em razão do sacramento do Batismo. O Código, como não poderia deixar de ser, seguiu essa mesma linha. Deparam-se-nos, pois, bastantes cânones que são verdadeiros instrumentos de uma "cidadania laical". Agora, o leigo tem o direito reconhecido de externar suas opiniões aos pastores. Possui, em síntese, voz altissonante dentro da comunidade eclesial. É um fiel em pé de igualdade com os clérigos.

O tão celebrado "protagonismo dos leigos" depende do Código. Nesse diapasão, é mister que os leigos, mormente aqueles engajados em pastorais, despertem para a necessidade de conhecer a fundo o ordenamento jurídico da Igreja. Não é simples! Einstein dizia que é mais fácil destruir um átomo do que um preconceito. Com certeza, a ideia de que o leigo é um fiel de segunda categoria – apesar de representar, numericamente, a maioria dos membros da Igreja – arraigou-se de tal modo na alma do povo que se torna extremamente árduo o processo de libertação. Estamos em face de uma verdadeira *metanoia*, conversão. O ajutório do Código mostra-se imprescindível. Veja, por exemplo, o teor do cânon 212, parágrafo 2: "Os fiéis têm o direito de manifestar aos Pastores da Igreja as próprias necessidades, principalmente espirituais, e os próprios anseios". Este cânon é um dos fundamentos do chamado "estatuto do fiel leigo". Arrimado nessa norma jurídica, o leigo está apto a pleitear os bens que lhe sejam úteis ou necessários. Pode fazê-lo sem receio de ferir suscetibilidade. O caso deste cânon é exemplar. Vê-se nele, de forma diáfana, a atuação do espírito conciliar.

Há uma plêiade de preceitos legais que dão suporte ao protagonismo dos leigos. Sem embargo, é importante que se faça um esforço em favor da conscientização da comunidade laical. Fala-se muito em cidadania, entretanto, para o católico, a cidadania plena só é possível no momento em que se tem voz ativa dentro da Igreja.

Conclusão

A lei, no sentido estrito, representa um fardo, porquanto tolhe a liberdade. O Direito, entendido como um sistema axiológico, é fonte de libertação, de bem-aventurança. Desta feita, o Direito Canônico anela construir uma infraestrutura que favoreça a historização do Reino de Deus. Diz-se que o Código pio-beneditino, de 1917, destinava-se a anjos, enquanto o atual está direcionado a seres humanos. Essa mudança de perspectiva é influxo do Concílio Vaticano II, que passou a enxergar as limitações do ser humano. O Código é a tradução jurídica do Concílio. Com o passar do tempo, saber-se-á reconhecer o imenso serviço que ele presta à causa do Evangelho.

CAPÍTULO 2

O ordenamento jurídico da Igreja

Introdução

Passo a fazer uma sucinta análise das diversas implicações do Direito Canônico na realidade vital da Igreja. Arrimado em balizados autores, parto do princípio de que o Direito Canônico está ontologicamente relacionado ao mistério da salvação. Foi o próprio Cristo que instituiu uma Igreja *jurídica*. É certo que, quando fundou a Igreja, Cristo Nosso Senhor não vislumbrava todas as nuanças e institutos jurídicos hodiernos. Nada obstante, esses institutos são corolário e desdobramento da vontade fundacional de Cristo.

Quero cuidar de alguns temas momentosos para o Direito Canônico, tais como o monismo jurídico, que nega a juridicidade do ordenamento da Igreja, e o problema da pastoralidade do Direito Canônico, já que o referido Direito só terá sentido se servir autenticamente à atividade dos pastores, sendo um instrumento na consecução do ideário do Concílio Vaticano II, que foi eminentemente pastoral.

Podemos dizer alguma palavra a propósito do candente tema do Direito Constitucional. Há uma Constituição na Igreja? Ou, pelo menos, existem normas e princípios que estão acima da legislação ordinária e são verdadeiros norteadores da aplicação da lei? É o que tentarei responder neste capítulo.

Depois de enfocar o problema dos chamados *temas mistos*, especialmente o Matrimônio, elaborarei um rol de peculiaridades do Direito Canônico e, finalmente, tecerei alguns comentários acerca da relação que há entre a Teologia e o Direito Canônico, ciências independentes uma da outra, mas complementares, porquanto o Direito Canônico põe em prática os valores e a reflexão estruturados na ciência teológica.

Monismo jurídico: só o Estado produz normas jurídicas?

Vigorou por um bom tempo a ideia de que apenas o Estado elabora autênticas normas de Direito. Felizmente, tal concepção está superada, haja vista fenômenos como o Direito Desportivo ou o Direito do Trabalho, bem como o próprio Direito Canônico. Os referidos ordenamentos obrigam os membros dos respectivos grupos (esportistas, trabalhadores, fiéis etc.) e não necessitam da chancela dos representantes do Estado. A propósito deste tema, é assaz oportuna a observação de Lombardia:

> Antes de tudo, negaram o caráter de ordenamento canônico aqueles autores que consideravam o Estado como *única fonte do Direito*. A partir de tal posição, era inevitável que as normas que não procedem da vontade do Estado, senão da Igreja, não podiam considerar-se jurídicas. Ademais, com base nestes pressupostos, poderia admitir-se a juridicidade das normas canônicas que foram reconhecidas como vinculantes pelo Direito estatal ou as normas por ele atribuídos determinados efeitos jurídicos.[1]

Em outro livro, em que tracei um paralelo entre o Direito Canônico e o Direito Estatal, também discorri acerca do problema do monismo jurídico:

---

[1] LOMBARDIA, Pedro. *Lecciones de Derecho Canónico*. Madrid: Tecnos, 1991. p. 24 (tradução e grifos nossos).

A maioria dos estudiosos não aceita a teoria dos monismo jurídico, segundo a qual só é verdadeiramente jurídico o Direito elaborado pelo Estado. Consoante esta teoria, já ultrapassada, o Direito Canônico, ao lado de outros segmentos do Direito paraestatal (direito esportivo, direito social do trabalho etc.) não poderia ser considerado direito propriamente dito, pois o estado teria o monopólio legislativo. Esta teoria é facilmente contrastada pela realidade, já que os fatos mostram quão vinculante é o Direito Canônico no dia a dia das relações no âmbito eclesial. A pujança dos tribunais eclesiásticos, por exemplo, desmistifica esta pseudoteoria. O Direito Canônico é um fenômeno jurídico bastante vivo. Mobiliza advogados, juízes eclesiásticos, notários e centenas de pessoas que recorrem à justiça eclesiástica, no afã de solucionar problemas de ordem jurídico-moral.[2]

O argumento de que o Direito Canônico não é rigorosamente jurídico, em virtude de as leis eclesiásticas serem desprovidas do atributo da coercibilidade, não pode, outrossim, prosperar. Com efeito, a aludida coercibilidade, vale dizer, a possibilidade de fazer atuar a lei à força (*ad baculum*), no caso de a pessoa obrigada não observar espontaneamente os ditames normativos, não é um apanágio essencial do direito. Ademais, o Direito Canônico, ou melhor, as leis canônicas, é dotado de *sanção*, esta sim um atributo necessário para emprestar ao Direito Canônico o epíteto de jurídico. Nesse diapasão, José Maria Urteaga Embil afirma que "somente um incorrigível positivista pode esquecer que o Direito Civil e o Canônico são Direito por causa de sua juridicidade essencial (Direito) e não por serem civil ou canônico".[3]

---

[2] SAMPEL, Edson Luiz. *Introdução ao Direito Canônico.* São Paulo: LTr, 2001. p. 37.
[3] EMBIL, José Maria Urteaga. *Dicionário de Direito Canônico.* São Paulo: Loyola, 1993. Verbete "Direito Canônico".

Repulsa do Direito Canônico pelos que entendem haver antinomia entre a lei e a caridade

No seio da Igreja sempre existiu uma corrente que preconiza a desnecessidade do Direito. Essas pessoas afirmam haver uma incongruência entre a lei e a caridade. Ora, sem penetrar em discussões filosóficas e teológicas, máxime no que diz respeito à visão protestante da Igreja *carismática* ou *espiritual*, os adversários da jurisprudência (ciência do Direito) na Igreja asseveram que o Direito é instrumento de opressão e serve apenas para viabilizar os interesses da classe dominante.[4] Deveras, esses argumentos não têm condição de prosperar em face de uma análise um pouco mais percuciente. À luz dos ensinamentos de Libero Gerosa, diz-se que o Direito Canônico garante a objetividade e a verdade da experiência eclesial.[5] A vivência da caridade, no âmbito eclesial-comunitário, estaria comprometida sem regras claras, que limitam e condicionam o poder da hierarquia (todos estão submetidos à lei) e dão voz e vez aos leigos. São Paulo critica a lei,[6] contudo o faz com vistas no excessivo legalismo que corrompe o próprio escopo jurídico. Desse modo, não há qualquer contraposição entre o Direito Canônico, ou a lei, e a caridade, ou o Evangelho. Muito pelo contrário. A lei, se efetivamente veicular a justiça, é altamente didática, em razão de sua qualidade cogente e impositiva, *forçando* as pessoas a um determinado comportamento que condiga com os ditames do Evangelho. A ruptura com a lei, pura e simplesmente, consiste numa afronta à caridade. Tal asserto vale tanto para a sociedade

---

[4] BOFF, Leonardo. *Igreja, carisma e poder.* Petrópolis: Vozes, 1982. p. 17.
[5] GEROSA, Libero. *El Derecho de la Iglesia.* Valencia: Edicep, 1998. p. 20.
[6] 1Cor 15,56.

eclesial quanto para a sociedade política. Assim, se quisermos revestir nosso *modus vivendi* de cidadão com entranhas de caridade, é mister que saibamos observar as leis, porquanto elas preservam os valores mais caros da sociedade. É óbvio que as leis, muita vez, prestam-se para oprimir o hipossuficiente, salvaguardando os interesses dos poderosos. Todavia, esta não é a regra, nem nos Estados democráticos, nem na Igreja Católica pós-conciliar.

Por fim, convém frisar que o juízo acerca da caridade desenvolve-se também no foro interno. Com Cifuentes, podemos afirmar que o "Direito Canônico, pelo contrário, avalia a conduta humana nas suas *relações de alteridade* – relações inter-humanas e externas – segundo critérios jurídicos, que se processam no *foro externo*".[7] Nada obstante, a caridade é uma virtude, digamos, tangível, que permeia o tecido social. Desse modo, o Direito Canônico, através de suas estruturas, propicia um clima de equilíbrio para a vivência e a prática dessa virtude teologal. Sem o Direito, ter-se-ia o caos e, consequentemente, restariam gravemente combalidas as condições para o exercício dessa excelsa virtude, quer do ponto de vista individual, quer sob o prisma societário.

Mesmo na hipótese da imposição das penas, o legislador canônico não visa à reles repressão. É a caridade evangélica para com o fiel que o motiva a agir, a fim de que o delinquente reavalie seu procedimento delituoso e volte, *curado*, ao convívio fraternal na Igreja. Para o legislador canônico, a caridade, sobre ser um bem relevantíssimo a ser custodiado pelo Direito, é ainda um fanal portentoso no momento da aplicação da lei. O operador do Direito na esfera civil está autorizado, quando

---

[7] CIFUENTES, Rafael Llano. *Relações entre a Igreja e o Estado*. Rio de Janeiro: José Olympio, 1989. p. 17.

21

muito, a recorrer aos ditames da justiça, se esta conflitar com a lei. O juiz canônico, por seu turno, deve comportar-se com a necessária caridade, tendo em mira o princípio segundo o qual a salvação das pessoas é a suprema lei na Igreja.[8]

A pastoralidade do Direito Canônico

O Direito Canônico tem de ser um fâmulo da atividade pastoral, sob pena de perder o sentido. Na verdade, a Igreja foi instituída por Cristo a fim de evangelizar todos os povos.[9] As leis eclesiásticas precisam estar a serviço do objetivo institucional da Igreja, fornecendo os mecanismos indispensáveis para este fim. A respeito da matéria, Cônego Martin Segú Girona, professor de Direito Canônico em São Paulo, faz as seguintes considerações:

> A pastoral não poderia ser enclausurada nos parâmetros de um só livro, por melhor que fosse. Se esta tese passasse, seria desvirtuar a visão conciliar que pediu um código eminentemente pastoral, para poder ser um instrumento facilitador da caminhada deste Povo que marcha para o definitivo. Por isso, a opção definida, tudo no Código deveria ser pastoral, pois a razão última de sua existência está explícita no cânon 1.752: *salus animarum suprema lex.*[10]

Conforme bem assinalou Segú Girona, o Direito Canônico surge como um *facilitador* da jornada do Povo de Deus rumo ao *escaton* (salvação; destino último do ser humano). Esta ação pastoral, igualmente designada de *evangelização*, nada mais é que a ação dos pastores, mormente dos bispos, sucessores dos apóstolos, com vistas na proclamação da Boa-Nova de Nosso Senhor Jesus Cristo. Indubitavelmente, a ação dos pastores há

---

[8] Cânon 1.752.
[9] Mc 13,10.
[10] SEGÚ GIRONA, Martin. *Revista de Cultura Teológica*, São Paulo: Pontifícia Faculdade de Teologia Nossa Senhora da Assunção, ano II, n. 9, p. 60, out./dez. 1994.

de ser regrada, ou seja, juridicizada, regida por um ordenamento de leis. O Direito Canônico não será um fator de inibição da ação evangelizadora, mas, como bem frisou Segú Girona, um elemento para abrir caminhos, para agilizar o trabalho. Sobre este ponto é igualmente preciosa a ensinança de Calvo-Alvarez:

> Estas posições [que apregoam que a lei canônica é um obstáculo para a atividade pastoral] manifestam, a par de ardorosos afãs evangelizadores, *um profundo desconhecimento do sentido do jurídico* e concretamente do significado e função do direito na Igreja.[11]

Para o professor Calvo-Alvarez, estas abordagens restritivas são devidas a uma visão eclesiológica deturpada. É claro que há casos em que a lei pode até mesmo representar um certo empeço na atividade pastoral, em razão de circunstâncias históricas e temporais, já que a lei é um produto do ser humano e, portanto, está sujeita a conter erronias. Mas, mesmo nesses casos, adverte o docente, a atitude do fiel deve ser o obséquio à Igreja e, por conseguinte, ao direito que ela legiferou.

> Esta fidelidade implica o respeito e o acatamento do ordenamento concreto em vigor; também implica, de modo complementar, uma atitude aberta e uma razoável renovação do direito, na medida necessária ou conveniente [...].[12]

A pastoralidade do Direito Canônico faz-se presente em situações nas quais a atuação da Igreja é mais premente. Assim, por exemplo, as atividades levadas a cabo pelos tribunais eclesiásticos são eminentemente pastorais e têm uma relação direta com o Direito legislado e codificado, à medida em que todo o procedimento (processo judicial) está sob a guarda da legalidade. O juiz eclesiástico só está autorizado a agir dentro

---

[11] CALVO-ALVAREZ, Joaquim. *Manual de Derecho Canónico*. Madrid: Eunsa, 1991. p. 42 (tradução e grifos nossos).
[12] Ibid.

dos parâmetros rigorosamente delineados pelo Direito Canônico. E toda ação judicial na seara eclesiástica é, concomitantemente, atividade pastoral.

Outro ponto importantíssimo relativamente à pastoralidade do Direito Canônico refere-se à efetiva implementação do ideário do Concílio Vaticano II. Sem sombra de dúvida, são as leis canônicas que tornam realidade os ditames das atas e documentos do referido Concílio. Sem o regramento legal, o tão festejado Concílio ficaria apenas no papel. São as leis canônicas que lhe dão pujança e transparência histórica. O Direito Canônico torna compulsória a aplicação dos preceitos e princípios expostos no Concílio.

Paulo VI acentuou sobremaneira a pastoralidade do Direito Canônico. Em 8 de fevereiro de 1973, em discurso dirigido aos membros da Rota Romana,[13] assim se expressou o sumo pontífice:

> A Igreja é, como vimos, sacramento de Jesus Cristo, como Jesus Cristo, na sua humanidade, é sacramento de Deus (H. de Lubac). É neste mistério, continua o papa, que devemos ver a função do Direito Canônico, a vossa missão e aquela virtude que, aos poucos institucionalizada, tornou-se a *aequitas canonica*, definida pelo Hostiensis como *iustitia dulcore misericordiae temperata*. Definição que será repetida por todos os canonistas.[14]

À luz do magistério de Paulo VI, lobrigamos uma certa sacramentalidade do Direito Canônico, porquanto as leis eclesiásticas são deveras eficaz instrumento na santificação do orbe católico.

---

[13] A Rota Romana é a suprema corte da Igreja; equivaleria ao Supremo Tribunal Federal no Brasil.
[14] CAPPELLINI, Ernesto. *Problemas e perspectivas de Direito Canônico*. São Paulo: Loyola, 1995. p. 28.

Teoria sociológica do Direito: *ubi societas, ibi ius*

O Direito da Igreja também pode ser explicado à luz da chamada *teoria sociológica do Direito*. Segundo essa doutrina, toda e qualquer comunidade, independentemente de ser religiosa ou política (o país), possui um conjunto de normas jurídicas que visam a regular o comportamento de seus membros. Com efeito, *ubi societas, ibi ius* – onde há sociedade, há direito. A propósito do tema, esclarece-nos a constituição apostólica *Sacrae Disciplinae Leges*, que promulgou o atual Código Canônico:

> Torna-se bem claro, pois, que o objetivo do Código não é, de forma alguma, substituir, na vida da Igreja ou dos fiéis, a fé, a graça, os carismas, nem muito menos a caridade. Pelo contrário, sua finalidade é, antes, criar na sociedade eclesial *uma ordem* que, dando a primazia ao amor, à graça e aos carismas, facilite ao mesmo tempo seu desenvolvimento orgânico na vida, seja da sociedade eclesial, seja de cada um de seus membros.[15]

Observa-se que o desiderato do legislador é criar uma ordem na própria comunidade. Esta ordem ou ordenação destina-se a implementar os pressupostos para a vivência plena dos valores hauridos do Evangelho, "dando primazia ao amor, à graça e aos carismas", como reza a supramencionada constituição apostólica.

O saudoso professor Washington de Barros Monteiro, lente da Faculdade de Direito da Universidade de São Paulo, elucida a questão da necessidade de normas jurídicas em toda e qualquer sociedade. Ouçamo-lo:

> Realmente, o homem não pode viver isolado. Robinson, na ilha deserta, é exemplo utópico que não interessa à ciência. Obrigados a viver necessariamente uns ao lado dos outros, carecemos de regras

---

[15] Constituição apostólica *Sacrae Disciplinae Leges* (grifos nossos).

de proceder. Sem essas regras, disciplinadoras do nosso procedimento, ter-se-ia o caos. Os conflitos individuais, resultantes do choque de interesses, seriam inevitáveis e a desordem constituiria o estado natural da humanidade. Indispensável é, portanto, determinada ordem. Pressupõe esta certas restrições ou limitações à atividade de cada um de nós, a fim de que possamos realizar o nosso destino [...] A ordem jurídica não é outra coisa senão o estabelecimento dessas restrições, a determinação desses limites, a cuja observância todos os indivíduos se acham indistintamente submetidos, para que se torne possível a coexistência social. O direito domina e absorve a vida da humanidade.[16]

A lição do mestre é assaz lapidar. Sem dúvida, mesmo na Igreja, em que, por princípio, têm de prevalecer o amor e a concórdia, é mister a ereção de um conjunto de normas que tornem factível a coexistência fraterna e harmônica dos fiéis entre si, e destes com os clérigos, membros da hierarquia.

Para se conceber a exata implicação da ausência de normas, basta que observemos um cruzamento de ruas, no qual o sinal semafórico esteja avariado. É literalmente cada um por si. O ser humano, em virtude do pecado original, necessita de limitações de caráter heterônomo. Essas limitações são postas em prática pelo Direito. Mas não é só. Obviamente, as benesses, bem como as faculdades e privilégios, são outrossim transmitidos mediante o ordenamento legal. Referentemente a este ponto, são bastante oportunas as considerações do professor Ladislas M. Örsy, sj:

> O propósito do Direito Canônico é assistir a Igreja no cumprimento de sua missão de revelar e comunicar o poder de salvação de Deus ao mundo. O Direito pode efetivamente ajudar, ao instituir uma ordem na comunidade, uma ordem que conduz à tranquilidade e à paz: uma boa disposição para a assembleia se tornar "luz das nações".[17]

---
[16] MONTEIRO, Washington de Barros. *Curso de Direito Civil*. São Paulo: Saraiva, 1983. Parte geral, p. 2.
[17] ÖRSY, Ladislas M. *New Commentary on the Code of Cannon Law*. New York: Paulist Press, 2000. p. 2 (tradução nossa).

Assim, para o Padre Örsy, em face da teoria sociológica do Direito, o arcabouço de leis acaba por forjar um ambiente de paz e tranquilidade, para que o Povo de Deus cumpra sua vocação de ser luz dos povos.

Direito Eclesiástico do Estado

A expressão *Direito Eclesiástico do Estado*, aqui empregada, refere-se às normas jurídicas emanadas do Estado, mormente insculpidas na Constituição Federal, que tocam à liberdade religiosa e a outros valores desta natureza.

O primeiro problema que surge diz respeito à mútua independência do Estado e da Igreja. De fato, se se trata de sociedades perfeitas, isto é, portadoras cada uma da integralidade dos recursos e meios necessários para a consecução de seu respectivo fim, como se falar de um direito religioso ou eclesiástico que provenha do Estado? Dirime a questão Padre Murray, perito conciliar, que trabalhou na redação do documento sobre a liberdade religiosa:

> Não é exato dizer, pura e simplesmente, que o Estado é incompetente em matéria religiosa, como se se tratasse de um princípio supratemporal, derivado de uma lei eterna. A fórmula exata é que o Estado, nas circunstâncias presentes de crescimento da consciência pessoal e política, não é competente a respeito da religião, a não ser para uma coisa, para reconhecer, garantir, proteger e promover a liberdade religiosa de um povo.[18]

Resta-nos, por conseguinte, detectar regras de teor religioso na Constituição da República Federativa do Brasil, carta política que servirá de referência para nossas análises. Cumpre igualmente salientar que o Brasil é um país majoritariamente católico – na

---

[18] EMBIL, *Dicionário de Direito Canônico*, p. 260, verbete "Direito Eclesiástico".

verdade, o maior país católico do mundo. Em razão desse fato, é claro que houve forte influência da religião cristã na elaboração de bastantes regras legais.

A Constituição Federal reconhece a validade do Matrimônio canônico, estabelecendo que "o casamento religioso tem efeito civil, nos termos da lei."[19] Além disso, na cabeça do mesmo artigo 226, o constituinte houve por bem asseverar que "a família, base da sociedade, tem especial proteção do Estado". Ora, estamos diante da adesão do Estado a um ditame de ordem religiosa, qual seja: o papel que a família desempenha assim na sociedade política como na sociedade eclesial.

Outro setor em que há normas de Direito Eclesiástico do Estado está ligado à regulação dos tributos. Nesse diapasão, consoante preceito constitucional, estão imunes de tributação, via impostos, os templos de qualquer culto.[20] É natural que os referidos dispositivos constitucionais não beneficiem apenas os católicos. Sem embargo, tal constatação não lhes retira o caráter de Direito Eclesiástico do Estado.

Por fim, a liberdade religiosa propriamente, tema fontal do chamado Direito Eclesiástico do Estado, está regulamentada na Constituição Federal, artigo 5º, inciso VI:

> É inviolável a liberdade de consciência e de crença, sendo assegurado o livre exercício dos cultos religiosos e garantida, na forma da lei, a proteção aos locais de culto e suas liturgias.

Assim sendo, vemos que o legislador constituinte quis outorgar as garantias necessárias à prática religiosa. Por isso, com absoluta propriedade, protege, na forma da lei, os locais de culto

---

[19] Artigo 226, parágrafo 2º.
[20] Constituição Federal, artigo 150, inciso VI, letra "b".

(templos), bem como a liturgia, já que esta consiste na expressão oficial da oração comunitária.

Poderíamos aludir a outros preceitos, tais como a proteção à vida desde a concepção, proibindo-se o aborto, malgrado o Estado brasileiro permita os chamados casos de *aborto sentimental* e *aborto terapêutico*.[21] Além disso, por exemplo, ninguém pode ser preso ou receber citação judicial, enquanto estiver participando de culto religioso.

De qualquer modo, é importante frisar que a liberdade de culto, albergada pela Constituição Federal em vigor, é o princípio-dispositivo que garante efetivamente o exercício da prática religiosa, coibindo, desta maneira, uma perniciosa e indevida ingerência do Estado.

Temas mistos: o Matrimônio regulado pela Igreja e pelo Estado

Há alguns assuntos que interessam tanto ao Estado quanto à Igreja. Aludimos ao *Matrimônio*, ao ensino religioso e secular, ao reconhecimento de filhos ilegítimos, às questões relativas ao direito à vida (aborto, eutanásia etc.), à união de fato, à assistência religiosa nas instituições chamadas totais (caserna, hospitais, internatos, presídios etc.). Sobre algumas dessas matérias há normas de Direito Eclesiástico do Estado.

Neste livro abordarei, sucintamente, o problema do Matrimônio. Aliás, dentre os assim chamados *temas mistos*, este seja talvez o que mais preocupa as autoridades eclesiásticas, tendo sido objeto de concordata[22] em algumas nações. Não poderia ser

---

[21] Código Penal brasileiro, artigo 128.
[22] Acordo internacional entre um determinado país e a Igreja, representada pela Santa Sé.

diferente. Segundo a doutrina eclesial, arrimada no Evangelho de Nosso Senhor Jesus Cristo, a família é a *Igreja doméstica*, célula básica da sociedade.[23] Por isso, toda a atenção e carinho do magistério devem estar direcionados a esta realidade. Se o Estado legislar de modo detrimentoso a essa sagrada instituição, toca à Igreja o dever impostergável de intervir, expondo a doutrina acerca do Matrimônio e da família. Aliás, de certo modo, o Estado, máxime o brasileiro, composto de uma sociedade cristã-católica, sempre prestou atenção às diretrizes da Igreja neste campo. No tópico sobre os impedimentos matrimoniais, por exemplo, o Direito Canônico foi transposto integralmente a muitos códigos civis.

À primeira vista poder-se-ia argumentar que a Igreja não tem uma competência específica sobre o Matrimônio, mas apenas no que concerne aos efeitos jurídico-canônicos. Contudo, ao atentarmos para o fato de que o Matrimônio é um dos sete sacramentos, instituídos por Cristo *in radice*, veremos que a Igreja tem decerto um múnus considerável no que diz respeito a esta instituição natural. Segundo o Direito Canônico, a sacramentalidade está na essência do ato jurídico: "[...] entre batizados não pode haver contrato matrimonial válido que não seja por isso mesmo sacramento".[24]

Em suma, pode-se concluir dizendo que da mesma maneira que a Igreja reconhece a competência do Estado para regular certos aspectos do Matrimônio, resguarda para si o regramento básico desta instituição-sacramento, exigindo que as autoridades estatais respeitem a competência dela nesta área. A solução para esta dupla competência, alvitrada por muitos especialistas, seria o reconhecimento cabal do Matrimônio celebrado na Igreja.

---

[23] JOÃO PAULO II. *Familiaris Consortio*. 22. ed. São Paulo: Paulinas, 2009. n. 55. (Coleção A voz do papa, n. 100.)

[24] Cânon 1.055, parágrafo 2.

Para terminar, mais uma palavra a respeito da indissolubilidade do Matrimônio. Sem sombra de dúvida, a referida indissolubilidade é um apanágio essencial de todo e qualquer Matrimônio. Nada obstante, a Igreja no Brasil lutou durante trinta anos, seguidamente, tentando obstar a modificação do preceito constitucional que estipulava a indissolubilidade do vínculo matrimonial. Foi vencida. Para o Direito Canônico, entretanto, continua a viger a aludida regra. No Brasil, atualmente, outro campo de batalha se descortina no que tange à família propriamente dita. Refiro-me, por exemplo, a projetos de lei que querem normativizar a união civil sexual entre homossexuais.

Direito Constitucional

O Direito Constitucional da Igreja consiste num conjunto de regras e princípios que sobrepairam a maioria das normas do Código e da legislação esparsa. Portanto, na hierarquia legal, tais normas figuram na cúspide da pirâmide. Entretanto, no âmbito eclesial, não existe uma *constituição* propriamente dita, no sentido formal, como há na maioria dos Estados modernos, maiormente nos de base romanística, isto é, que se inspiram no Direito romano. Soçobrou o projeto de criação da *lex Ecclesiae fundamentalis* (lei fundamental da Igreja). Sem embargo, o Direito Constitucional em si é uma realidade no emaranhado de leis eclesiásticas. Com Lombardia, afirmamos que a constituição na Igreja é mais ou menos parecida com a Constituição da Inglaterra, que não está configurada num único corpo jurídico.[25] Assim, dizemos que o Direito Constitucional Canônico é um verdadeiro *sistema normativo* de hierarquia superior.

---

[25] LOMBARDIA, *Lecciones de Derecho Canónico*, p. 73.

Para compreendermos o conteúdo, bem como a natureza do Direito Constitucional na Igreja, é mister que façamos uma análise rápida do conceito de *constituição*. O vocábulo *constituição* é empregado com várias acepções: a) o conjunto dos elementos essenciais de alguma coisa: a *constituição* do universo, a *constituição* dos corpos sólidos; b) temperamento, compleição do corpo humano: uma *constituição* psicológica explosiva, uma *constituição* física robusta; c) organização, formação: a *constituição* de uma assembleia, a *constituição* de uma comissão; d) o ato de estabelecer juridicamente: a *constituição* de dote, de renda, de uma sociedade anônima; e) o conjunto de normas que regem uma corporação, uma instituição: a *constituição* da propriedade privada; f) a lei fundamental de um Estado.[26] Essas significações são todas analógicas, dada a etimologia da palavra em comento. Todavia, interessa-nos a *constituição* como lei fundamental do Estado e, aqui, neste capítulo, como lei fundamental da Igreja, que é, tal como o Estado, uma sociedade.

Qual é, pois, o conteúdo do Direito Constitucional Canônico? Se dispuséssemos de uma *lei fundamental* da Igreja ou *constituição* da Igreja, decerto esta questão seria descabida, pois o conteúdo seriam as normas dessa lei fundamental, conquanto, nos Estados, muitas vezes, faz-se distinção entre aquilo que é formalmente constitucional, porque está escrito na Constituição, e aquilo que é materialmente constitucional, porque, além de estar presente no texto da Constituição, versa matéria tipicamente constitucional. Desse modo, se quisermos responder escorreitamente à indagação que enceta o parágrafo, devemos dizer que as leis constitucionais são, na Igreja, os dispositivos que regulam temas como o exercício do *poder sagrado*, a estruturação hie-

---

[26] SILVA, José Afonso da. *Curso de Direito Constitucional positivo*. São Paulo: Malheiros, 1999. p. 39.

rárquica da Igreja, os sacramentos e os direitos e deveres dos fiéis. São, v.g., de indiscutível teor constitucional os cânones 208 a 223. Eis, a respeito, a lição de Lombardia:

> O Código de Direito Canônico formalizou os direitos e deveres fundamentais dos fiéis nos cânones 208-223. Trata-se de um título do corpo legal, que formalmente não se distingue do resto do código, mas possui inquestionável conteúdo constitucional e muitos dos direitos que proclama e os deveres que exige se fundamentam no direito divino.[27]

Infelizmente, a ideia de elaborar uma *lex fundamentalis* não vingou, apesar de ter sido suscitada já nos albores do Concílio Vaticano II. Segundo o professor Luigi Rosa,[28] uma das principais objeções à criação da aludida lei fundamental ou constituição da Igreja refere-se ao fato de que o chamado *poder constituinte* fora exercido pelo próprio divino fundador da Igreja, Jesus Cristo. Além disso, o Direito Constitucional, enquanto norma jurídica, seria certamente limitado para exprimir o *mysterium fidei*, que é o fundamento da Igreja:

> Um Direito Canônico que pretende ser sensível à Teologia e mais adequado às estruturas íntimas da comunidade eclesial torna-se mais idôneo para desenvolver um papel hegemônico igual ou talvez maior do que aquele que exerceu no passado na Igreja. Uma coisa é reconhecer a função que o Direito Canônico sempre desempenhou, acompanhando a vida da Igreja, e *outra coisa é pretender exprimir num texto jurídico a densidade do mistério da Igreja*, a imagem global do seu ser, a norma última da existência.[29]

O que deve ficar claro é que o operador do Direito (juiz, advogado, legislador etc.), ao aplicar a lei canônica, tem de ter em mente a supremacia jurídica do Direito Constitucional. Assim,

---

[27] LOMBARDIA, *Lecciones de Derecho Canónico*, p. 81 (tradução nossa).
[28] ROSA, Luigi. *Problemas e perspectivas de Direito Canônico*. São Paulo: Loyola, 1995. p. 57.
[29] Ibid. (grifos nossos).

normas de conteúdo materialmente constitucional, onde quer que se encontrem, devem ser verdadeiros archotes, a alumiar a aplicação e a interpretação do Direito. Com certeza, uma interpretação não será havida por correta se acutilar um princípio ou uma norma constitucional.

Peculiaridades do Direito Canônico

Repetimos o que afirmamos no primeiro item deste capítulo: o Direito Canônico é tão jurídico quanto o Direito Civil ou o Estatal. Está, pois, definitivamente superada a teoria do *monismo jurídico*. O que será objeto do nosso estudo, no presente item, são alguns dos característicos do Direito da Igreja que o diferenciam do Direito Estatal.

Em primeiro lugar, não podemos nos esquecer de que o objeto do Direito Canônico está intrinsecamente relacionado ao fim da Igreja, que é a salvação das almas e a construção do Reino de Deus, cuja incoação dá-se *hic et nunc* (aqui e agora). Assim sendo, interessa também ao Direito Canônico o bem-estar do ser humano neste mundo, e também a sua felicidade e plena realização. Em outras palavras: a vida abundante.[30] Contudo, por estar direcionado às realidades póstumas, diz-se que o Direito Canônico é *espiritualista* e *sobrenaturalista*.[31] O Direito Canônico rege as condutas dentro da Igreja, sempre enxergando o ser humano como uma criatura transcendente. Além disso, leva em consideração o direito natural, bem como o direito divino positivo. A esse propósito, há normas de direito divino albergadas no Código Canônico.

---

[30] Jo 10,10.
[31] GRUSZYNSKI, Alexandre Henrique. *Direito Eclesiástico*. Porto Alegre, 1999. p. 31.

Ainda para o professor Gruszynski, pode-se dizer que o Direito Canônico é *tradicionalista*, não no sentido pejorativo do termo, mas por regular temas ligados à tradição da Igreja (*depositum fidei*), de pouca mutabilidade. Entretanto, complementa o referido lente gaúcho, o Direito Canônico está sujeito à lei do progresso, tal como qualquer ordenamento jurídico estatal, pois tenta adequar-se aos fatos sociais, sem trair o Evangelho.[32]

Há uma instituição eclesiástica, o Pontifício Conselho para os Textos Legislativos, que dá a última palavra acerca da aplicação da lei canônica. No âmbito estatal, pelo menos no Brasil, não se conhece órgão congênere, que disponha de tais poderes, porque, muita vez, até mesmo as decisões proferidas pelo Supremo Tribunal Federal (STF) são passíveis de revisão.

As penas *latae sententiae* são outra peculiaridade do direito da Igreja. Com efeito, quando, por exemplo, alguém pratica o crime de abortamento, é *ipso facto* excomungado; não ocorre o festejado *due process of law* (processo judicial), como sói suceder nos Estados modernos, bem como na maioria dos casos na própria Igreja. Trata-se, na verdade, de uma exceção ao princípio da *ampla defesa*, dada a gravidade do delito. Ainda relativamente ao Direito Penal, o ordinário tem um certo poder discricionário para impor penas que estão previamente determinadas.

A universalidade do Direito Canônico é outra peculiaridade muito importante. Não se conhece nenhum outro ordenamento legal que abranja todo o planeta.

Para o professor Libero Gerosa,[33] desponta como uma das principais características do Direito Canônico a relevância dada à caridade e ao costume, tido como "o melhor intérprete da lei".[34]

---

[32] Ibid., p. 32.
[33] GEROSA, *El Derecho de la Iglesia*, p. 102.
[34] Cânon 27.

Além disso, para o aludido mestre, a *aequitas canonica* é outro instrumento importantíssimo, característico do Direito Canônico, porque reitera toda a frieza da aplicação da lei, permitindo que a autoridade supere a separação entre o abstrato da norma e o caso concreto, realizando uma forma superior de justiça.[35] A equidade canônica desempenha uma função similar à *epiqueia*, que atua no foro interno, no íntimo da pessoa humana. Paulo VI define a *aequitas canonica* como uma das mais delicadas expressões da caridade pastoral.[36]

Malgrado não haja uma constituição no sentido moderno, existem normas de Direito Constitucional, como vimos no item anterior. Ademais, o Direito Canônico, máxime o Código Canônico, seu maior expoente, há de ser interpretado à luz do Concílio Vaticano II.

Por fim, não há na Igreja – e o Direito Canônico não regula – a chamada separação dos poderes, cientificamente exposta por Montesquieu. Na Igreja, via de regra, o bispo titulariza os três poderes, sendo-lhe, contudo, permitido delegar o Executivo e o Judiciário.

A Igreja foi fundada por Jesus Cristo e é constantemente assistida pelo Espírito Santo.[37] Assim, o Direito Canônico não deixa de ser manifestação do Espírito que ilumina a jornada do Povo de Deus no mundo. Esta realidade dogmática da Igreja pode ser vislumbrada no Direito Canônico, que normatiza o princípio paulino presente na epístola enviada aos efésios: "a Igreja é o corpo de Cristo".[38]

---

[35] GEROSA, *El Derecho de la Iglesia*, p. 106.
[36] Ibid.
[37] Mt 28,18ss.
[38] Cf. Ef 5,31.

Relações entre a Teologia e o Direito Canônico

Definitivamente, o Direito Canônico não é um ramo da Teologia, como se chegou a afirmar no passado: uma ciência teológica com métodos jurídicos. O Direito Canônico, com todas as suas idiossincrasias, é com certeza um ramo da ciência jurídica, ou do Direito. Sem embargo, a Teologia é *objeto* do Direito Canônico. Ela é o substrato da lei canônica. Um canonista, contudo, não pode encarar o ordenamento legal *com olhos de teólogo*; deverá analisar os cânones com visão de jurista, empregando os métodos da ciência do Direito.

Diz-se, outrossim, que a Teologia corresponde à estrutura interna da Igreja, enquanto o Direito Canônico, à sua estrutura externa. A Teologia pode ser expressa de várias maneiras: pelas criações artísticas, nas composições musicais e nas proposições doutrinárias,[39] ao passo que o Direito Canônico é veiculado por intermédio da *lei*, dos *atos administrativos*, dos *contratos*, das *sentenças* etc.

O Direito Canônico consiste num processo da fé em busca da ação, enquanto a Teologia, por seu turno, está mais envolvida com a reflexão. A Teologia purifica os valores da vida, ao passo que o Direito Canônico os estrutura através de normas jurídicas. Todavia, tanto o Direito Canônico quanto a Teologia são gestados pelo Espírito na Igreja.

A Teologia elabora juízos de valor abstratos, que ganham praticidade com o Direito Canônico. De certa maneira, a fragilidade do Direito Canônico, que é *contingente*, é temperada pela robustez da Teologia, cujo objeto é o imutável *depositum fidei*.

---

[39] ÖRSY, *New Commentary on the Code of Cannon Law*, p. 6.

Afirma-se, ainda, que, mediante a Teologia, expressa-se a *Igreja contemplativa*; a *Igreja ativa*, com base no Direito Canônico, guia os fiéis. Sobre este assunto há um ensinamento precioso de Paulo VI:

> [...] ao aprofundar a doutrina da Igreja e ressaltar o aspecto místico que lhe é próprio, o Concílio "obrigou o canonista a procurar mais profundamente na Sagrada Escritura e na Teologia as razões de sua doutrina" (cf. AAS 62, 1970, p. 108). Depois do Concílio, o Direito Canônico não pode deixar de estar em relação cada vez mais íntima com a Teologia e as outras ciências sagradas, porque também ele é uma ciência sagrada, e certamente não é aquela "arte prática" que alguns desejariam, cuja tarefa seria apenas revestir com fórmulas jurídicas as conclusões teológicas e pastorais a isso pertinentes. Com o Concílio Vaticano II, encerrou-se definitivamente o tempo em que certos canonistas se recusavam a considerar o aspecto teológico das disciplinas estudadas ou das leis por eles aplicadas. Hoje, é impossível realizar estudos de Direito Canônico sem uma séria formação teológica [...] *A relação íntima entre Direito Canônico e Teologia coloca-se, pois, com urgência*; a colaboração entre canonistas e teólogos deve tornar-se mais estreita; nenhuma área da revelação poderá permanecer ignorada, se quisermos exprimir e aprofundar na fé o mistério da Igreja, cujo aspecto institucional foi querido por seu fundador e pertence por essência ao caráter fundamental sacramental (cf. *Communicationes* 5, 1973, p. 124).[40]

À luz do escólio do Papa Paulo VI, percebemos quão relevante é para o canonista o estudo da Teologia. Aliás, todo bom canonista precisa ser igualmente um bom teólogo. A relação entre as duas ciências, quais sejam: a Teologia e o Direito Canônico, faz-se vital e necessária. A Teologia é o substrato do Direito Canônico e só se torna relevante à medida que é levada à ação pelas normas canônicas.

---

[40] GHIRLANDA, Gianfranco. *Introdução ao Direito Eclesial*. São Paulo: Loyola, 1998. p. 58-59 (grifos nossos).

Conclusão

O Direito Canônico, como vimos, perpassa a vida da Igreja e de todos os seus membros (leigos, diáconos, padres e bispos). Não há, em suma, realidade vital em que o ordenamento jurídico não esteja presente. Nem poderia ser de outro modo, haja vista a natureza social da Igreja. Portanto, no momento atual dos estudos canonísticos, está arredada de vez a hipótese de uma Igreja meramente *carismática* ou *espiritual*, sem os mandamentos legais. Isto seria um absurdo e simplesmente contraditório com a própria proposta de Jesus Cristo.

Hoje em dia parece que está soterrada de vez aquela mentalidade que contrapunha o *Direito* à *caridade*, como se a lei tivesse o condão de fossilizar as relações, tornando-as burocráticas e apáticas. Felizmente, o desenvolvimento dos estudos do Direito Canônico, principalmente o denodo demonstrado por Paulo VI e João Paulo II, ajudaram a desenvolver um clima de aceitação e, mais do que isso, compreensão do papel das normas jurídicas no âmbito da sociedade eclesial.

Sem o Direito Canônico, certamente, como asseverei neste capítulo, dar-se-ia o caos. Com efeito, não haveria espaço para a prática da caridade, soçobraria o ideal do Evangelho e os valores encontradiços na tradição e nas Sagradas Escrituras, mormente no Novo Testamento, restariam inócuas e permaneceriam ao arbítrio das pessoas. É certo que o Evangelho é *proposto* e não *imposto*. Todavia, a legislação canônica forja uma estrutura que dá condições para que a Boa-Nova do Salvador efetivamente frutifique e seja nosso comportamento de cristãos um radiante testemunho para o mundo.

CAPÍTULO 3

O estatuto jurídico dos leigos

Introdução

Gostaria de iniciar esta reflexão com um apelo. Espero que juristas de nomeada, acostumados às graves discussões da jurisprudência no âmbito civil, se debrucem também sobre o Direito Canônico. Infelizmente, estamos à míngua de grandes estudos; ficamos à mercê dos trabalhos estrangeiros, sobretudo castelhanos, mas, muita vez, distantes de nossa realidade latino-americana. O Direito Canônico é o conjunto das regras gerais e positivas que regulam a vida social no grêmio da Igreja Católica.[1] Tendo em vista esse seu caráter axiológico, o Direito assume uma importância incomensurável, principalmente entre os católicos, que procuram viver sob o pálio de valores encontradiços no Evangelho. Sem a presença da norma jurídica, de comando obrigatório, não haveria paz, porque a segurança estaria comprometida. O ideário do Concílio Vaticano II dificilmente se implementaria na prática do dia a dia pastoral, uma vez que apenas o direito tem o condão de fornecer diretrizes sólidas e claras. Como diz o anexim latino, *ubi societas, ibi ius*. Até hoje, não se conhece sociedade civilizada que tenha sobrevivido sem o mínimo de ordenamento jurídico. Os romanos são um exemplo magnífico; seu formidável arcabouço de normas legais foi, indubitavelmente, um dos elementos mais significativos na

---

[1] SAMPEL, Edson Luiz. *Introdução ao Direito Canônico*. São Paulo: LTr, 2001. p. 15.

manutenção do longevo império. Na comunidade eclesial não poderia ser diferente: o Direito dá as estruturas necessárias para a vivência da caridade. São as leis, principalmente as emanadas do Código vigente, que possibilitam uma convivência harmoniosa entre os fiéis, irmanando-os no desiderato de construir o Reino de Deus. Para o Direito Canônico, vale sempre a máxima *salus animarum suprema lex est*.[2] A salvação das almas tem de ser a suprema lei. Contudo, não se trata de uma dicotomia herética e nefasta entre espírito e corpo. Ao prescrever a salvação das almas como escopo precípuo do Direito, o legislador tem em mente o ser humano na sua totalidade, na sua historicidade, com vistas, é claro, nas realidades póstumas e escatológicas, em que a realização será plenificada.

O leigo no Código vigente

Não seria nem convinhável expender pormenores sobre o *status* laical sob a égide do Código revogado, de 1917. Naquele diploma legal o leigo era simplesmente um agente receptor. Cabia-lhe unicamente o mister de obedecer; frisava-se a diferença entre a Igreja docente e a Igreja discente. Com o advento do atual Código, promulgado por João Paulo II em 1983, vê-se aflorar uma autêntica teologia laical, arrimada no próprio Evangelho. O leigo, que desde os albores da Igreja desempenhou papel proeminente, reassume sua função; passa a ser chamado de protagonista do Evangelho, isto é, aquele que vai à frente, o fiel responsável pela transformação da realidade social, permeando-a de valores cristãos.

---

[2] Cf. cânon 1.752.

O Código em vigor visa a pôr em prática os princípios e diretrizes máximas do Concílio Vaticano II. Aliás, tamanha é a relevância do Direito Canônico que, mal encetados os trabalhos de instalação do Concílio, surge, concomitantemente, a preocupação com a elaboração de um novo Código. Como já pude dizer em outras partes deste livro, o Concílio decerto seria letra morta não fosse o Código Canônico a dar-lhe pujança e a viabilizar-lhe a implantação. As mudanças todas propostas pelo Concílio, o chamado *aggiornamento*, foram reguladas pelo Código vigente. Para empregar uma imagem comum ao Direito Estatal, poderíamos asseverar que os documentos do Concílio são uma espécie de Constituição, de Carta Política na Igreja, enquanto o Código regula a aplicação desses valores máximos, albergados no Concílio.

Embora a visão do leigo, agasalhada pelo Código em vigor, tenha evoluído bastante, há, no meu modo de ver, um entrave ingente, principalmente para o fiel não membro da hierarquia: o Código está vazado na língua latina. Pergunto: quem sabe latim hoje em dia? Quiçá os canonistas mais esmerados e um punhado de padres idosos. E não me venham com o argumento de que a tradução referendada pela Conferência Nacional dos Bispos do Brasil (CNBB) tem o mesmo valor que o texto latino. Isto não é verdade. A própria Conferência adverte-nos a propósito deste equívoco na sua apresentação à edição brasileira.[3] Acredito que num futuro não muito distante o Código Canônico estará redigido em espanhol ou inglês, que são as línguas modernas internacionais da atualidade. Isto facilitaria sobremaneira a compreensão da lei, bem como o acesso do leigo aos direitos que ela veicula. Não é o caso do Código Canônico em vigor –

---

[3] "Para a exata compreensão desta edição brasileira, é necessário entender as seguintes advertências: 1ª *Só o texto latino do Código tem valor oficial*. [...]" (grifos nossos). Apresentação à primeira edição brasileira, Dom Ivo Lorscheiter, Brasília, 25 de abril de 1983.

pois o latim foi utilizado dada a sua excelência linguística e por ser uma espécie de língua oficial da Igreja – mas não podemos nos esquecer da *Magna Carta*, outorgada por João Sem Terra, da Grã-Bretanha, sob a injunção dos barões. Malgrado portasse direitos fundamentais, como o *habeas corpus* e o instituto do júri, a redação em latim fê-la inaplicável por centúrias, absolutamente inacessível às massas populares.[4] Assim sendo, sou da opinião de que a cidadania laical plena dependerá da elaboração de leis redigidas em algum idioma moderno, mais próximo dos padrões culturais hodiernos.

Regulação do múnus dos leigos

O Código trata dos fiéis, leigos e clérigos, no Livro II, sob a rubrica *De Populo Dei*. Os cânones 204 a 223 discorrem sobre direitos e deveres comuns a leigos e membros da hierarquia. Traça um pano de fundo para ulterior regulação da vida laical propriamente dita (Título II) e do ministério clerical (Título III). Neste capítulo deter-nos-emos na parte do Código que rege especificamente o múnus do leigo na Igreja.

O cânon 224 possui profundas raízes bíblicas e conciliares. Com efeito, introduz o leigo na vida eclesial, afirmando que, além dos direitos e deveres oriundos da própria condição ontológica de batizado, que representa uma igualdade fundamental,[5] o fiel leigo possui determinadas prerrogativas (expressas em direitos e deveres), que são minudentemente explicitadas pela

---

[4] "A redação original do artigo 39 da Magna Carta em latim, segundo Celso Albuquerque Mello, teve o objetivo deliberado de torná-lo inutilizável pela maioria da população que o ignoraria: 'A Magna Carta nada mais foi do que um dos inúmeros pactos existentes, no período medieval, entre a nobreza e os reis. Se no futuro ela veio a ser um dos documentos invocados pelo liberalismo, na sua origem nada mais era do que instrumento a beneficiar ínfima parcela da população e o seu texto ficou em latim por mais de duzentos anos, a fim de que o grosso da população não pudesse invocá-la em sua defesa'." (CAIS, Cleide Previtalli. *O processo tributário*. 3. ed. São Paulo: Editora Revista dos Tribunais, 2001.)

[5] Cânon 96.

lei. Ora, sabe-se que é veemente injustiça tratar de forma igual as pessoas diferentes. Este é um princípio de direito natural que está expresso em todas as Constituições contemporâneas. Com espeque neste discrímen necessário, o legislador canônico faz a distinção entre clérigo e leigo, não nos moldes da condenável acepção de pessoas, proscrita por São Tiago, mas numa perspectiva de respeitar as diferenças e idiossincrasias de cada uma das categorias de *christifidelis*.

O sacramento do Batismo, como dissemos acima, é um ponto nivelador fundamental entre todos os fiéis. O clérigo não é mais santo que o leigo nem vice-versa. Cada um tem uma função clara a desempenhar na Igreja, sempre tendo em mira a salvação das almas, que se traduz na construção de uma sociedade justa e fraterna, em que haja vida abundante para todas as pessoas.[6] Embasado nos sacramentos do Batismo e da Confirmação, os leigos estão destinados ao apostolado (*ad apostolatum a Deo per baptismum et confirmationem*, cânon 225). Vê-se que é da essência do ser cristão a tarefa de dedicar-se ao apostolado, vale dizer, à proclamação da Boa-Nova de Jesus. É óbvio que o legislador não restringe o chamado apostolado a atividades meramente discursivas, mas compele o fiel leigo a que sua própria vida se transforme numa autêntica manifestação do Evangelho. Entretanto, a lei deixa claro que a obrigação de evangelizar, por parte do leigo, é mais premente nas circunstâncias em que os pastores não puderem estar presentes: *in quibus nonnisi per ipsos Evangelium audire et Christum cognoscere homines possunt* (cânon 225). Cuida-se, na realidade, de um direito-dever, porquanto, o leigo tem, acima de tudo, o privilégio de ser arauto do Evangelho de Nosso Senhor Jesus Cristo. Enquanto membro

---

[6] Jo 10,10.

da Igreja, fala em nome da instituição, desde que se atenha à ortodoxia e não comunique uma opinião sua, particular, como tendo recebido o beneplácito eclesiástico.

O parágrafo 2 do cânon 225 é mais contundente no que tange à missão peculiar do leigo. Di-lo expressamente, em vernáculo:

Têm também [os leigos] o dever especial, cada um segundo a própria condição, de animar e aperfeiçoar com o espírito evangélico a ordem das realidades temporais, e assim dar testemunho de Cristo, especialmente na gestão dessas realidades e no exercício das atividades seculares.

O cânon 210 enuncia o direito-dever de evangelizar, reportando-se a clérigos e leigos. Aqui, o legislador houve por bem sublinhar a especificidade do mister laical, quer em razão da aludida peculiaridade, quer em virtude das limitações históricas infligidas aos leigos.[7] Note-se que o escopo da atividade do leigo, no que toca à evangelização propriamente dita, não se limita à reles exposição verbal da Boa-Nova, como, puerilmente creem alguns fiéis, leigos e clérigos. O que se espera do leigo é que ele se comporte sob o influxo dos valores do Evangelho. Nesse diapasão, é mais coerente com sua vocação cristã ser um político honesto ou um pai de família correto do que ficar a palrar coisas desconexas sobre a doutrina, às vezes chegando às raias de um fundamentalismo infecundo. O cânon 226 acentua a natureza da missão do leigo, roborando as minhas observações. É, com efeito, na família, no estado dito matrimonial, que o leigo disporá de um campo enorme para o seu lídimo apostolado, principalmente nos dias de hoje, em que a instituição da família é amiúde aviltada pelos meios de comunicação em massa. Cabe ao leigo dar o testemunho, levando uma vida digna e, sobretudo, sabendo

---

[7] HORTAL, Jesús. *Comentário ao Código de Direito Canônico*. São Paulo: Loyola, 1983.

conduzir-se na ótica da opção preferencial pelos pobres. Ninguém pode se esquivar da observância deste princípio fundamental. A opção preferencial pelos pobres precisa, outrossim, alumiar a interpretação das leis canônicas. Trata-se, pois, de um valor máximo, que não pode jamais ser olvidado na hermenêutica jurídica, sob pena de trairmos a essência do Evangelho.

É interessante notar como as pessoas estão vivendo o sacramento do Matrimônio nos tempos atuais. Os tribunais eclesiásticos, espalhados por todo o país, estão abarrotados de ações de nulidade de Matrimônio. Deveras, há bastantes casos, quiçá a maioria, em que efetivamente são proferidas sentenças de nulidade do sacramento. Neste ponto, é importante salientar que a responsabilidade pelo *fracasso* no casamento não é só dos leigos; talvez caiba-lhes a maior parcela de responsabilidade. Todavia, os pastores são igualmente malsucedidos na tarefa de ajudar na preparação para a vivência do Matrimônio cristão. A sociedade erotizada, máxime através dos chamados *mass media*, inocula a ideia do descartável. Tudo pode ser trocado, até mesmo os parceiros conjugais. Infelizmente, os famigerados *cursos de noivos* são absolutamente insuficientes para fazer com que as pessoas se conscientizem da importância inefável do Matrimônio-sacramento. Mais: por si sós, não propiciam nos nubentes a necessária maturidade, requerida para a validade do sacramento. Em razão disso, muitíssimos casamentos são declarados nulos por grave falta de discrição de juízo para a assunção dos deveres inerentes à sociedade conjugal: é a célebre *imaturidade*. Há situações, realmente, em que a imaturidade é tão grande que macula o sacramento de forma irreversível.

O parágrafo 2 do cânon 226 alude ao dever dos pais de educar os filhos. Para levar a cabo tão sublime missão, é preciso que os responsáveis procurem instituições que primem por uma educação cristã. Aqui, novamente, cumpre frisar que não se cuida de *carolice*, mas de formadores que transmitam os valores evangélicos, como a justiça, a caridade, a solidariedade para com todos, especialmente para com os pobres, pelos quais Jesus fez uma opção clara, porém não exclusiva, nem excludente.

Uma grande novidade da atual legislação, claramente influenciada pelo Concílio Vaticano II, bem como pela Declaração Universal dos Direitos do Homem, diz respeito à liberdade de expressão. Indubitavelmente, o leigo não é mais um sujeito passivo, pronto para ouvir e obedecer. À luz do Código, o leigo pode e deve expressar suas opiniões, até mesmo no que se refere aos temas estritamente eclesiásticos, uma vez que o leigo também é membro da Igreja, Povo de Deus. A única cautela que o cânon 227 solicita ao leigo é que se abstenha de expor como doutrina da Igreja um posicionamento discutível dele próprio: *caventes tamem ne in quaestionibus opinabilibus propriam sententiam uti doctrinam Ecclesiae proponant*. Assim, o leigo participa, em certa medida, do governo da Igreja. Na sociedade eclesial, o poder é sempre serviço. Desse modo deveria ser também na sociedade civil. Dessa maneira, o legislador admoesta o leigo, maiormente aquele bem preparado, isto é, capacitado do ponto de vista humano e científico, a que coadjuve os pastores na condução da *barca de Pedro*.

A notável mudança tange ao respeito que se outorga à pessoa do leigo. Agora, ele pode falar enquanto membro da Igreja, manifestando sua opinião pessoal, podendo até mesmo divergir da posição da hierarquia, naquilo que não esteja relacionado à matéria de fé católica. Antanho, nós outros, os leigos, éramos relegados a segundo plano. Pairava sobre nós uma certa *capitis diminutio*. O Novo Código trouxe de volta a dignidade laical, tornando o leigo uma pessoa altissonante no seio do Povo de Deus.

O cânon 228 abre as portas para que o leigo participe do governo da Igreja. Segundo o Direito Canônico, o múnus de governar a Igreja compete principalmente aos membros da hierarquia, sobretudo aos bispos em comunhão com o sucessor de São Pedro. Sem embargo, o Código dá ensanchas à participação mais efetiva do leigo. O leigo pode, por exemplo, ser juiz em tribunal eclesiástico, ser membro de conselho, assumir a função de testemunha qualificada do Matrimônio, entre outras possibilidades. Reza o aludido cânon, parágrafo 1: *Laici qui idonei reperiantur, sunt habiles ut a sacris Pastoribus ad illa officia ecclesiastica et munera assumantur, [...]*.

Uma outra questão assaz importante é trazida à tona pelo Novo Código. Atribui-se ao leigo o direito-dever de adquirir conhecimento da doutrina católica ("[...] *obligatione tenentur et iure gaudent acquirendi eiusdem doctrinae cognitionem* [...]", cânon 229, parágrafo 1). Mais. Ele está autorizado até mesmo a ser docente em instituições eclesiásticas e funcionar como perito em temas teológicos. Neste momento, não devemos nos esquecer de que, no passado, certas instituições eclesiásticas de ensino superior, assim no Brasil como no mundo, impediram o leigo de ter acesso ao ensino requintado, de primeira linha, igual ao ministrado aos clérigos no período de sua formação. Para camuflar a intenção velada de monopolizar o conhecimento, criou-se a noção equivocada do *curso de leigos*, em que se fornecia um estudo de segunda categoria, subtraindo do leigo a possibilidade do acesso à ciência teológica. Faz-se mister louvar a atuação da Pontifícia Faculdade de Teologia Nossa Senhora da Assunção, da Arquidiocese de São Paulo, que nunca fez diferença entre clérigos e leigos, aceitando estes últimos nos seus bancos escolares, concedendo-lhes o mesmo nível de ensino que o levado aos seminaristas, outorgando-lhes, igualmente, titulação eclesiástica e, recentemente, civil. Sabemos, contudo, que há escolas que restringem a assistência do leigo. Tal procedimento atrita frontalmente com o dispositivo legal (cânon 229, parágrafo 2). Vejamos a dicção legal. Em português: "Gozam também [os leigos] do direito de adquirir aquele conhecimento mais completo nas ciências sagradas, ensinadas nas universidades e faculdades eclesiásticas ou nos institutos de ciências religiosas, aí frequentando aulas e *obtendo graus acadêmicos*" (grifos nossos). O parágrafo 3 completa o rol de atribuições do leigo nesta seara: pode ensinar as ciências sagradas: "*ad mandatum docendi scientias sacras a legitima auctoritate ecclesiastica recipiendum*". Esta é, indubitavelmente, uma evolução significativa, notável relativamente ao reconhecimento da dignidade do *status* laical.

In clari cessat interpretatio, diziam os romanos, ou seja, se a lei é meridianamente clara, como o cânon 229, não se pode admitir uma exegese que seja restritiva. No caso em discussão, seria puro autoritarismo ou depotismo negar ao leigo a oportunidade de frequentar uma instituição eclesiástica de nível superior. Na verdade, o legislador augura que a Teologia não fique jungida aos meios clericais, mas que o laicato tenha total possibilidade de conhecer a doutrina a fundo. Doravante o leigo, se quiser, não tem de permanecer restrito à catequese da Primeira Eucaristia. Pode e deve ir além. Geralmente, seus conhecimentos, adquiridos na área *profana* (médico, advogado, psicólogo, operário etc.), servem como complemento à visão estritamente teológica. Nesse aspecto, ousamos asseverar que o leigo goza de uma certa vantagem.

Apesar dos inquestionáveis avanços, a mulher, na prática, ainda é objeto de tratamento um tanto quanto discriminatório. A legislação progrediu, dando maior espaço ao sexo feminino. Hoje em dia a mulher pode até mesmo participar do *munus regendi*, sendo, por exemplo, juíza de tribunal eclesiástico. Em outros países a situação ainda é pior. Certa vez, em viagem à Argentina, senti quão estupefatos ficavam meus interlocutores quando lhes dizia que na minha diocese havia mulheres que exerciam o cargo de juíza eclesiástica. Naquele país nem o leigo varão está autorizado a integrar o colégio de juízes. Apesar de portarem o título de doutor em Direito Canônico, só estão habilitados a desempenhar a função de advogado. Tudo em contraste com a lei. O Código não faz acepção de pessoas, nem de sexo, em muitos assuntos. Contudo, são eclesiásticos e até mesmo leigos *clericalizados* (infantilizados), que segregam outros leigos. É preciso que os leigos adquiram plena cidadania e reivindiquem seus direitos, sem respeito humano. A lei assegura-lhes o livre exercício dos direitos. O Direito Eclesial, mormente o Código, necessita ser cumprido por todos os integrantes da Igreja, hierarquia e laicato. Portanto, ninguém está fora do alcance da lei; ninguém está acima da lei.

O cânon 230 regulamenta o exercício dos ministérios de *leitor* e *acólito*. Limita as aludidas funções litúrgicas aos *varões*, isto é, aos indivíduos do sexo masculino (*viri laici*). O legislador, infelizmente, não incluiu a mulher. Se bem que estamos diante de um avanço, uma vez que o leigo está admitido a atuar oficialmente na liturgia. O parágrafo 2 do aludido cânon não faz distinção entre homens e mulheres; refere-se genericamente aos leigos (*laici*), sem o epíteto *varões*. Afirma que, por encargo temporal, os leigos, de ambos os sexos, podem desempenhar a função de leitor, comentador, cantor e outras tarefas, na forma da lei (*ad normam iuris*). Aqui surge a excepcional oportunidade de as Igrejas particulares legislarem a propósito do tema, como, aliás, frequentemente ocorre. É oportuno lembrarmos, mais uma vez, que o Direito Canônico não são somente as normas prescritas

51

pelo Código, em latim. Toda lei, emanada de uma diocese, que não conflite com as disposições do Código, é realmente canônica. O próprio Código Canônico bastas vezes remete a autoridade eclesiástica ao chamado *direito particular*, oriundo principalmente das dioceses. Referentemente à atuação laical, vemos que a praxe em muitas dioceses é alvissareira, conferindo ao leigo importantes missões, colocando-o na *linha de frente*, permitindo que ele influa nas decisões prementes da Igreja.

Os leigos, destinados permanentemente a um tipo de serviço especial na Igreja, geralmente com dedicação exclusiva, fazem jus à remuneração salarial condigna.[8] A regra é o trabalho voluntário, sem a contraprestação pecuniária, como frisa o cânon 230, parágrafo 1. No entanto, o preceito que manda remunerar, em determinadas situações, é um corolário autêntico do Direito natural. Ora, quem labuta sempre tem direito ao salário. Interessante notar como o cânon 231, parágrafo 2, chega a minúcias, como previdência, seguro social e assistência à saúde. Outrossim, remete a autoridade eclesiástica, destinatária imediata da norma, às disposições do Direito Estatal. Assim sendo, o leigo que se encontrar nessas condições de trabalho usufrui de todas as prerrogativas contempladas pelo Direito do Trabalho, entre nós pela Consolidação das Leis do Trabalho (CLT), que rege a matéria.

Conclusão

Penso que o Código vigente, como estamos observando no decorrer deste capítulo, realmente trouxe de volta a lídima *dignidade do leigo*, enfatizando sua importância e imprescindibilidade na Igreja. Entretanto, cabe ao próprio leigo, e também ao clérigo,

---

[8] Cânon 231, parágrafo 2.

envidar esforços para que essas disposições legais surtam efeito na prática. Atualmente, fala-se muito em *cidadania*, consciência dos direitos. Todavia, parece-me que, na sociedade eclesial, o leigo, que também é cidadão na sociedade política, ainda não adquiriu plena consciência de seus direitos e obrigações. Ele tem de dar um contributo na condução da Igreja. Não se trata de estar em constante conflito com a hierarquia. Muito pelo contrário, se isto ocorrer, certamente não estaremos no caminho certo. Na Igreja, a caridade deve pervadir todos os relacionamentos. Na verdade, os pastores esperam do leigo uma atuação mais positiva; geralmente os pastores estimulam o leigo a participar, ressaltam a dignidade e o protagonismo da vocação laical.

Com certeza, não haverá *cidadania laical*, nem *presbiteral*, enquanto o Direito Canônico for um *ilustre desconhecido*. Se nós, cidadãos, por exemplo, não procurássemos nos informar das normas contidas no Código de Defesa do Consumidor, jamais poderíamos viver como cidadãos maduros, com os direitos respeitados. Da mesma forma ocorre na Igreja. Se os leigos não tiverem a oportunidade de conhecer o Direito Canônico, mormente as regras que lhes tocam mais de perto, ser-lhes-á extremamente difícil assumir sua vocação. Nunca serão protagonistas. Os ditames do Concílio, que colocam o leigo na *cúspide da pirâmide* (Povo de Deus), restarão sem reflexo no quotidiano.

De qualquer modo, o cenário que se descortina é altamente positivo. O Código é relativamente recente; não houve tempo para sua total maturação. Muitos, ainda, estão sob o influxo da inevitável nostalgia do código ab-rogado. Com o passar do tempo e o trabalho diuturno dos leigos, maiormente dos especialistas em Direito, a situação deve mudar. Trata-se, verdadeiramente, de uma radical transformação de perspectiva. Do Concílio de Trento, espelhado pelo Código de 1917, passa-se ao magnífico

Concílio Vaticano II, retratado pelo atual diploma legislativo, o Código Canônico publicado em 1983: o Concílio dos direitos humanos, da igualdade fundamental, da doutrina social.

O estatuto jurídico do leigo, cujos principais elementos enfocamos neste capítulo, está a serviço da salvação das almas. Somente o leigo cônscio dos seus direitos inalienáveis está deveras capacitado a ser um parceiro dos pastores na sublime missão que se espera da Igreja no limiar do terceiro milênio.

CAPÍTULO 4

O sacramento da Eucaristia no Novo Código Canônico

O Direito Canônico, conjunto de normas jurídicas, como temos reiterado neste livro, visa a salvaguardar bens sumamente caros ao Povo de Deus, além de criar o *pano de fundo*, para que os fiéis tenham garantida a liberdade e liberado o acesso ao exímio tesouro do qual a Igreja é depositária.

Os sacramentos decerto constituem a grande marca dos tesouros salvíficos que Cristo entregou à sua Igreja. Tutelá-los é direito-dever inalienável da autoridade eclesiástica. Aliás, todo batizado tem a obrigação de zelar por eles, defendendo-os e venerando-os diligentemente.

A Santíssima Eucaristia, qual augusto sacramento, *totius cultus et vitae christianae est culmen et fons* (em vernáculo: "é o ápice e a fonte de todo o culto e da vida cristã").[1] Cônscio de sua centralidade no dia a dia do cristão, o legislador houve por bem regular a administração deste sacramento.

Neste capítulo, passarei a tecer comentários sobre alguns cânones que regem a Eucaristia, procurando dar um apanhado geral e amplo do regime jurídico deste santíssimo sacramento, frisando os pontos que reputo de maior interesse ao público, sem me deter em filigranas jurídicas.

O Código, com espeque na mais sã teologia, enfatiza o fato de que é o próprio Cristo Jesus quem atua no sacramento. O sacer-

---
[1] Cânon 897.

dote, presbítero ou bispo, ao presidir a celebração, fá-lo *personam Christi*.[2] Dá-se amplo destaque à participação de todos os fiéis ("participando", em latim). Assim, há que se evitar expressões como *assistir à missa* ou *ouvir a missa*, porquanto revelam uma passividade que não mais se coaduna com o espírito conciliar, veiculado no atual Código.

Ao contrário do que se pensa, o Código estabelece o dever do padre ou do antístite de celebrar a Eucaristia diariamente. Reza o cânon 904: "[...] *immo enixe commendatur celebratio cotidiana* [...]" – em português: "recomenda-se com insistência a celebração cotidiana". Não se está em face de uma injunção jurídica, mas tão somente de uma admoestação. É óbvio que o ideal é a celebração diária, haja vista a copiosidade de frutos e bênçãos que o sacerdote pode haurir.

Estabelece o cânon 906: "*Nisi iusta et rationabili de causa, sacerdos Sacrificium eucharisticum ne celebret sine participatione alicuius saltem fidelis*" (traduzindo: "Salvo por causa justa e razoável, o sacerdote não celebre o Sacrifício eucarístico sem a participação de pelo menos algum fiel".). Comentando este cânon, Padre Jesús Hortal assevera que tal norma é decorrência da explícita vontade do legislador, no sentido de que o sacerdote não deixe de celebrar o Santíssimo Sacramento todo dia, mesmo que ninguém esteja presente. De qualquer modo, corroborando o que foi dito no parágrafo anterior, o sacerdote não está de forma alguma obrigado à celebração eucarística diária. Todavia, a ausência de fiéis não poderá ser um óbice à celebração se o sacerdote tiver o saudável costume de celebrar diariamente.

Com o fim de destacar o papel que cada fiel desempenha na celebração eucarística – pois todos *participam* da mais impor-

---

[2] Cânon 899, parágrafo 2.

tante efeméride cristã – o Código proíbe que diáconos ou leigos profiram orações que estejam reservadas ao presidente.[3] Tal postura tem, sobremodo, um escopo didático, pois o Povo de Deus poderá mais facilmente compreender os sinais exarados e penetrar no mistério inefável que a cerimônia deseja transmitir.

A oração acompanha a vida do crente. Não pode ser imposta a ninguém, já que é fruto de um querer íntimo da pessoa sob o influxo da graça divina. Sem embargo, tendo em vista a excelência do sacramento, o Código preceitua que o celebrante ore antes e depois da Eucaristia.[4] O legislador quis, em primeiro lugar, acentuar o caráter altamente sagrado da ação litúrgica que está por se realizar. Outrossim, o objetivo da lei é fazer com que o presidente da Eucaristia não descure de um dever básico, qual seja: um contato mais íntimo com Deus, que se fará presente sob as espécies de pão e vinho.

O Código dá um tratamento bastante cuidadoso no que tange ao viático. A palavra latina *viatico* quer dizer *ajuda no caminho*. Deveras, a Eucaristia, enquanto viático, está destinada não só àqueles que se encontram nos estertores, mas a todas as pessoas que estão gravemente enfermas e que poderão obter bastantes bênçãos com a recepção do sacramento. Atribui-se ao pároco, ao vigário paroquial e ao principal da congregação religiosa o mister de administrar o viático.[5]

Todos os cânones do artigo 2 discorrem acerca da participação na Santíssima Eucaristia (*sanctissima Eucharistia participanda*). Assim, já o cânon 912 estabelece que *qualquer batizado* (*quilibet baptizatus*) pode e deve ser admitido à sagrada comunhão. A norma faz a ressalva de que a pessoa não esteja impedida

---

[3] Cânon 907.
[4] Cânon 909.
[5] Cânon 911.

pelo direito, *qui iure non prohibeatur*, porque haverá ocasiões nas quais, infelizmente, o direito criará obstáculos. Nesse diapasão, não poderão se aproximar da mesa eucarística os excomungados e os interditados, bem como os fiéis que, obstinadamente, persistirem na prática de algum pecado grave.[6] Por força desta norma, corroborada pela exortação apostólica *Familiaris Consortio*, de 22 de novembro de 1981, não se admite a participação de divorciados. Eis o que diz, *ipsis litteris*, o documento pontifício:

> A Igreja [...] reafirma a sua práxis, fundada na Sagrada Escritura, de não admitir à comunhão eucarística os divorciados que contraíram nova união. Não podem ser admitidos, do momento em que o seu estado e condições de vida contradizem objetivamente aquela união de amor entre Cristo e a Igreja, significada e atuada na Eucaristia. Há, além disso, um outro peculiar motivo pastoral: se se admitissem estas pessoas à Eucaristia, os fiéis seriam induzidos em erro e confusão acerca da doutrina da Igreja sobre a indissolubilidade do matrimônio.

Visando tutelar a sacralidade da Eucaristia, aprouve ao legislador determinar que o varão, em pecado grave, não deve celebrar o sacramento em apreço, nem o leigo poderá comungar.[7] Entretanto, o cânon 916 cria uma exceção: "[...] *nisi adsit gravis ratio et deficiat opportunitas confitendi* [...]", isto é, a não ser que exista causa grave e não haja oportunidade para se confessar. Neste caso, sobre fazer um ato de contrição perfeita, o fiel é instado a procurar o sacramento da Penitência tão logo quanto possível.

O cânon 917 foi alvo de longa e polêmica discussão doutrinal. Com efeito, determina o aludido dispositivo legal que o fiel só poderá comungar duas vezes ao dia, sendo que a segunda comunhão terá de ser *intra eucharisticam celebrationem*. Os

---

[6] Cânon 915.
[7] 1Cor 11,27-32.

canonistas discutiam sobre o significado da palavra *iterum* ("de novo", em português), pois, em princípio, do ponto de vista estritamente linguístico, não se poderia falar na limitação a duas vezes. Consultada sobre o assunto, Roma interpretou oficialmente a norma jurídica, estatuindo que a expressão é restritiva. *Roma locuta, causa finita*. Não há mais o que discutir. Todo labor hermenêutico dos especialistas deixa de ser necessário. Tenho para mim que a postura de Roma, limitando as comunhões diárias, deve-se a um certo receio de que haja fiéis que façam um uso pouco devocional ou até mesmo supersticioso do corpo e do sangue de Nosso Senhor. De qualquer forma, como afirma o Padre Jesús Hortal, não deixa de ser estranha a situação de quem participa da missa, mas sem poder fazê-lo cabalmente, pois o Direito impede a aproximação da mesa eucarística.

Outro ponto relevante, introduzido pelo Novo Código, diz respeito à advertência para que o sacramento da Eucaristia seja administrado na missa. Sem embargo, razões sérias, a critério do ministro, permitirão que o crente comungue fora da celebração.[8] Assim, um atraso justificado, ou um contratempo, serão motivos relevantes. Mais uma vez percebe-se a preocupação do legislador com uma eventual banalização do sacramento. De fato, infelizmente, há casos de pessoas que querem comungar, mas sem a devida reverência, mantendo uma relação idolátrica ou supersticiosa com o excelso sacramento.

Com relação às espórtulas, vê-se que o legislador procura afastar qualquer identificação com simonia (venda de coisas sagradas). É certo que o ministro faz jus ao sustento oriundo do próprio altar ao qual serve.[9] Nada obstante, não poderá fazer acepção de pessoas, levando em consideração o poder econômico

---

[8] Cânon 918.
[9] Mt 10,10; 1Cor 9,13.

59

do fiel. Padre Jesús Hortal sintetiza de forma lapidar o relacionamento justo entre o ministro e os estipêndios: "O sacerdote deveria dar prova de desprendimento; o ideal seria que ele pudesse dizer, com São Paulo, que não foi gravoso à comunidade".[10]

Os cânones ora comentados demonstram a magna solicitude que o legislador tem para com os sacramentos, máxime a Eucaristia. Sem sombra de dúvida, os sacramentos são o inestimável tesouro da Igreja, à qual me referi no início do texto. O Direito Canônico não poderia manter-se silente a respeito do tema. O leitor deve ter percebido que o objetivo da regulamentação jurídica não é criar grilhões para a vivência sacramental. Muito pelo contrário. Não houvesse leis claras protegendo o sacramento da Eucaristia, muitas vezes estaríamos todos à mercê do arbítrio de algum ministro incauto ou não teríamos como exigir nosso direito, por falta de respaldo explícito.

A Eucaristia é a fonte de nossa vida. Descurar desse sacramento seria um equívoco imperdoável do Código. Portanto, o legislador não quis ser omisso. Por fim, é importante ressaltar que o regime jurídico deste sacramento, apesar de estar bem detalhado no Código, não se esgota nesse diploma legal. As próprias normas litúrgicas nos oferecem uma importante fonte. Além disso, temos as leis extravagantes e a eventual manifestação do Romano Pontífice a propósito do tema, através de *motu proprio*.

Não se perca de vista o princípio que resume todo o labor jurídico na Igreja, expresso no adágio latino *salus animarum suprema lex est*.[11] Sendo a salvação das almas o grande ideal, o canonista tem a honorável tarefa de criar as condições necessárias, a infraestrutura para que tal ordem de coisas se transforme em realidade.

---

[10] HORTAL, Jesús. *Os sacramentos da Igreja na sua dimensão canônico-pastoral*. São Paulo: Loyola, 1987. p. 117.
[11] Cf. cânon 1.752.

CAPÍTULO 5

Direito Processual Canônico

Introdução. Definição de processo

O *processo* é uma das instituições mais importantes do Direito. Infelizmente, mesmo na comunidade eclesial, onde deveriam viger o amor fraterno e a caridade, com imensa solicitude pelo próximo,[1] sucedem contendas as mais diversas, que necessitam de respostas céleres e enérgicas por parte da autoridade eclesiástica, a fim de que volte a reinar a paz, e o comportamento dos batizados (católicos) sirva de testemunho para o mundo inteiro.[2]

Eis a lapidar definição de *processo*, da lavra do professor Moacyr Amaral Santos: "Processo é uma operação por meio da qual se obtém a composição [resolução] da lide [divergência]".[3]

Procuremos compreender a lição do mestre. Diz que processo é uma *operação*. Pois bem, mediante o *processo*, que é um conjunto de atos, devemos chegar à resolução de um conflito. Dou um exemplo: Maria deseja batizar seu filho; o pároco não o permite, sob o argumento de que ela não é casada. Apareceu um *conflito de interesses*. De um lado, a fiel; do outro, o padre, ou a instituição que ele representa (paróquia). Ora, se não houver meios amigáveis de solução do impasse, Maria eventualmente recorrerá a um tribunal eclesiástico, para que seja dirimida a questão e restem pacificadas as relações intersubjetivas, porquan-

---
[1] Mt 25,31-46.
[2] Lc 11,33.
[3] SANTOS, Moacyr Amaral dos. *Primeiras linhas de Direito Processual Civil*. São Paulo: Saraiva, 1992. p. 11.

61

to é um grande escândalo pulularem discórdias entre os crentes. O direito de cada fiel precisa de uma proteção. Tal proteção é o processo. O ideal seria que as pessoas, tanto na sociedade política quanto na eclesial, cumprissem espontaneamente as regras jurídicas. Contudo, isso nem sempre ocorre. Daí a imprescindibilidade do processo, meio civilizado e cristão de compor litígios entre os fiéis ou entre estes e a hierarquia. Mais do que resolver as lides, o processo é com certeza um elemento suasório na consciência da autoridade. Por exemplo: o Código Canônico hodierno declina bastantes direitos aos leigos, como estudamos no capítulo 3. A possibilidade de os leigos irem ao Tribunal Eclesiástico, ou até à Rota Romana (Supremo Tribunal da Igreja), ou à Assinatura Apostólica (Corte Superior da Santa Sé, composta de cardeais), para ver respeitados esses mesmos direitos, por si só faz com que a autoridade pense duas vezes antes de tomar qualquer atitude despótica, que coarcte o legítimo exercício da denominada *cidadania laical*.[4] Compor a lide, é bom frisarmos isto, significa resolver os conflitos segundo a *vontade da lei*, que está acima de qualquer *voluntarismo* de quem quer que seja.

Cerrando este primeiro item introdutório, podemos, então, definir o processo canônico como o *conjunto de atos, praticados pelo juiz eclesiástico* (ou juízes eclesiásticos, já que no foro canônico os juízos são quase sempre colegiados) *e pelas partes, com o escopo de solucionar uma lide, tendo em vista a salvaguarda de um direito concreto.*

---

[4] Vide o capítulo 3.

O instituto da *conciliação*

A *conciliação* é um imperativo evangélico.[5] Não é à toa que no Direito Estatal igualmente se deva tentar a conciliação antes do início da ação judicial propriamente dita, pois os legisladores civis copiaram as leis processuais canônicas. Assim, o instituto da *conciliação* surgiu no bojo do Direito Canônico e hoje em dia é posto em prática na maioria dos ordenamentos jurídicos ocidentais. Eis aqui um claro exemplo de um valor cristão que se insere nas diversas culturas. Não nos esqueçamos de que o Direito, principalmente o Código Civil, é considerado um marco, um verdadeiro monumento da cultura de determinada nação. Nos diplomas legais estão, "grosso modo", expressos ou sintetizados os grandes anseios do povo.

Reza o Código Canônico, cânon 1.446:

§ 1. Todos os fiéis, mas principalmente os Bispos, empenhem-se diligentemente a fim de que se evitem, quanto possível, salva a justiça, lides no povo de Deus e se componham pacificamente o quanto antes.
§ 2. O juiz, no limiar da lide, e mesmo em qualquer outro momento, sempre que percebe alguma esperança de bom êxito, não deixe de exortar e ajudar as partes a procurarem, de comum acordo, uma solução equitativa da controvérsia, e de indicar-lhes os caminhos adequados para esse propósito, usando também da mediação de pessoas influentes.

Assim, a admoestação do legislador, na trilha dos preceitos evangélicos, é que se evitem lides entre os batizados, na medida do possível, porque, como asseveramos no primeiro item deste capítulo, as lides são escândalo e estampam um seriíssimo contratestemunho. É importante ressaltar o múnus do bispo na reconciliação. O cânon faz expressa menção aos sucessores dos

---
[5] Mt 5,23-24.

apóstolos no mister de evitar conflitos. Neste diapasão, o tribunal eclesiástico, como *longa manus* do bispo, no exercício do Poder Judiciário delegado, está instado a envidar todos os esforços necessários para que não haja processo, resguardados, é claro, os interesses públicos eclesiásticos, os bens indisponíveis dos fiéis. Em suma, a justiça: *salva iustitia*.

Um ponto interessante do referido cânon diz respeito ao momento no qual o juiz eclesiástico terá de buscar a conciliação: *in limine litis et etiam quolibet alio momento*, vale dizer, no limiar ou começo da lide (do processo judicial) ou em qualquer outra fase processual. Percebe-se aqui uma diferença gritante entre o Direito Processual Civil e o Direito Processual Canônico, uma vez que aquele só remete à tentativa de conciliação no início do processo, ao passo que este exorta à conciliação (ou reconciliação) em qualquer instante (*quolibet alio momento*).

É fácil verificar que o processo não deixa de ser um mal, ou melhor, um remédio, às vezes amargo, mas que necessita ser tomado, a fim de que bens e direitos dos fiéis sejam preservados. Quanto aos direitos e interesses públicos (por exemplo: a vida, os sacramentos etc.), vigora a *indisponibilidade* sobre eles, estando, desse modo, à margem de um procedimento de conciliação: não é lícito renunciar à saúde, por exemplo.

O mesmo espírito conciliatório permeia o processo de nulidade de Matrimônio. Eis a dicção legal nesta matéria:

> Cânon 1.676. Antes de aceitar a causa e sempre que percebe esperança de sucesso, o juiz use meios pastorais a fim de que os cônjuges sejam levados a convalidar eventualmente o matrimônio e restabelecer a convivência conjugal.

Assim, a esperança de êxito numa conciliação (*boni exitus*) levará o juiz eclesiástico a suscitar nas partes a desistência ou renúncia da ação judicial em prol da continuidade da vida comum, porque, no caso, o Matrimônio-sacramento é um bem augustíssimo e há de ser salvaguardado por variegados modos. Ainda que se trate de um casamento nulo, é possível a convalidação em juízo. Consoante prescreve o Código Canônico vigente, só depois de ter empregado os recursos pastorais tendentes à conciliação (*pastoralia media*) estará o juiz autorizado a aceitar o libelo (petição inicial do processo), fazendo começar a demanda judicial.

Segundo o professor José Rogério Cruz e Tucci, "o instituto da conciliação, ignorado pelo Direito Romano, teria surgido na esfera do Direito Canônico".[6] À luz do magistério do lente da Universidade de São Paulo, "a conciliação, conduzida pelo chefe do grupo cristão, tinha por finalidade pacificar os irmãos de fé".[7] São, portanto, os próprios civilistas que reconhecem a conciliação como instituto originalmente canônico.

O processo penal

O Código Canônico contém dois processos, a saber: o comum e o penal. Não vem ao caso discorrermos acerca dos *delitos* neste livro, entretanto temos de saber que o Diploma Penal Canônico regula a aplicação das penas impostas àqueles que cometeram infrações penais. Fá-lo por meio do chamado *processo penal*. Destarte, o processo penal precisa transcorrer num clima que outorgue profunda ênfase à conciliação, uma vez que estão em jogo bens assaz meritórios, como a liberdade e a honra, por exemplo.

O processo comum e o processo penal canônico pautam-se por princípios que, outrossim, governam os ordenamentos jurídi-

---

[6] CRUZ E TUCCI, José Rogério et al. *Lições de processo civil canônico*. São Paulo: Revista dos Tribunais, 2001. p. 83.
[7] Ibid.

cos estatais. O chamado *due process of law* (o processo judicial idôneo ou devido) é um desses princípios significativos que não podem ser olvidados. Significa que ao juiz é defeso lavrar uma sentença, condenatória, no caso penal, sem a execução dos *atos processuais*, que abrangem várias manifestações, quer das partes, quer do juiz. Mormente o sacratíssimo *direito de defesa* necessita ser diligentemente zelado e velado pelos interessados, sobretudo pelo juiz e pelo promotor de justiça. Sem embargo, há no processo penal canônico uma peculiaridade que tem de ser mencionada. Já discorri sobre ela em capítulo anterior deste livro. Refiro-me aos casos em que a pena é aplicada *latae sententiae*, isto é, automaticamente, sem a intervenção da Igreja-juíza, ou seja, do Poder Judiciário. Demos um exemplo: "Quem joga fora as espécies consagradas ou as subtrai ou conserva para fim sacrílego incorre em excomunhão *latae sententiae* reservada à Sé Apostólica; [...]".[8] Nota-se que o legislador é severo com quem joga fora as hóstias consagradas ou, ainda, as furta com o objetivo de praticar sacrilégios. A pena é infligida automaticamente (autoexecução), sem a participação da autoridade eclesiástica e, o que é pior, sem o direito de defesa. Penso que a tendência será a mitigação desse procedimento no próximo Código, porquanto tal postura não se coaduna com a moderna processualística, traduzindo-se num resquício do Direito Canônico primevo.

O processo penal canônico está entre os denominados *processos especiais*. Sua regulação tem início no cânon 1.717, parágrafo 1, que estabelece: "Sempre que o Ordinário tem notícia, pelo menos verossímil, de um delito, indague cautelosamente, por si ou por outra pessoa idônea, sobre os fatos e as circunstâncias e sobre a imputabilidade, a não ser que essa investigação pareça inteiramente supérflua".

[8] Cânon 1.367.

O ordinário (bispo diocesano, pároco, superior religioso etc.) está obrigado a indagar, perquirir a propósito dos fatos tidos por delituosos. Não obstante, precisa agir com cautela, diz o texto legal. De qualquer maneira, se o ordinário reparar que há provas suficientes sobre a materialidade e a autoria do delito, dispensa-se a própria investigação (inquérito policial). A mesma coisa se dá no âmbito estatal. Uma vez que o promotor de justiça constate que existem elementos de prova em grau suficiente, propõe a denúncia, prescindindo do chamado *inquérito policial*. Aliás, o cânon 1.717 estipula a elaboração de um verdadeiro inquérito. A propósito, o inquérito policial também nasceu na seara canônica.

Não vou aqui divagar acerca do processo penal. O objetivo deste capítulo é tão somente dar uma ideia geral do processo na Igreja, esboçando algumas de suas características fundamentais.

Um outro ponto em que o processo penal canônico se aproxima muito do processo penal estatal está na obrigatoriedade da participação de um advogado de defesa, que atuará em favor do réu, intitulado *demandado* no foro canônico. Tal obrigação visa a atribuir ao acusado uma defesa tecnicamente correta. Afinal de contas, como dissemos linhas atrás, uma sentença penal condenatória terá o condão de cercear direitos, suspender o exercício de ministérios e excomungar. Por isso, a presença do causídico é extremamente momentosa. Sua ausência implicará a nulidade do processo penal canônico.[9] Nos outros tipos de processo, como no de nulidade de Matrimônio, sobre o qual expenderemos algumas palavras logo a seguir, não há obrigação de o advogado participar. Num processo de nulidade, por exemplo, o advogado, em regra, terá de ser doutor em Direito Canônico.[10]

---

[9] Cânon 1.481, parágrafo 2.
[10] Cânon 1.483.

67

Bem diferente do processo civil ou estatal, o processo penal canônico imporá penas *medicinais*, vale dizer, com vistas na recuperação cabal do *delinquente*, já que na Igreja, como temos estudado reiteradamente, *salus animarum suprema lex est*. No Estado, a pena tem dois objetivos precípuos: a reinserção do detento na sociedade e o fator de exemplo, que inibiria a prática delitiva de outras pessoas. Há uma certa similitude entre o ordenamento canônico e o estatal, todavia a legislação eclesiástica está muito mais votada para a questão da conversão e *cura* daquele que delinquiu, porque todo delito é igualmente um *pecado*.

O processo de nulidade de Matrimônio

Em primeiro lugar, é bom deixar claro que a Igreja não tem poder para dissolver um casamento válido. Ao tribunal eclesiástico, diante de um casamento concreto, competirá a tarefa de dizer se o ato jurídico celebrado foi válido ou inválido. Em sendo inválido, os cônjuges têm o direito de convolar a novas núpcias.

São hábeis para impugnar o Matrimônio as seguintes pessoas: os cônjuges e o promotor de justiça.[11] O Matrimônio arguido de nulidade é um *ato: actus quo* ou *in fieri*, conforme leciona Martin Segú Girona.[12] Desse modo, o processo de nulidade versará relativamente à validade ou invalidade de um ato bem determinado, qual seja: a *celebração do Matrimônio*. É mister aferir se no exato momento da celebração estavam ou não presentes os pressupostos de validade. Não é fácil determinar isso num processo judicial. Contudo, os tribunais eclesiásticos trabalham indefessamente com tais problemas.

---

[11] Cânon 1.674.
[12] SEGÚ GIRONA, Martin. A natureza do matrimônio enquanto Matrimônio-"Foedus" e Matrimônio-"sacramento": tentativa de exegese jurídico-canônica do c. 1.055 do Novo Código. *Revista de Cultura Teológica*, São Paulo: Pontifícia Faculdade de Teologia Nossa Senhora da Assunção, n. 2, jan./mar. 1993.

O processo de nulidade segue os parâmetros gerais de todo processo. Primeiro, o libelo, com o pedido expresso de nulidade. Seria a *petição inicial* do processo civil. Em seguida, aceito o libelo pelo juiz-presidente, procede-se à citação da parte contrária. A palavra *citação* vem do latim (*citatio*) e quer dizer *chamamento*. Infelizmente, nos processos de nulidade de casamento, muitas vezes a parte contrária, intitulada *demandada*, não comparece em juízo, causando uma certa dificuldade na produção de provas.

Num processo canônico de nulidade, as testemunhas são essenciais. Testemunhas, neste jaez de processo e, de maneira genérica, em todos os processos canônicos, são pessoas que presenciaram fatos relevantes para a elucidação da demanda judicial, quer pela visão (testemunha ocular), quer pela audição (testemunha auricular). Trata-se, geralmente, de pessoas que conviveram com os cônjuges e estão aptas a falar um pouco da vida dos casados, principalmente no começo do casamento. Assim, por exemplo, quando se discute o problema da grave falta de discrição de juízo (imaturidade), a ouvida das testemunhas é de notória relevância. São as testemunhas que relatarão os acontecimentos amargos que presenciaram, indícios ou provas incontestes da imaturidade do casal, ou de um dos consortes.

Encerrada a fase instrutória (de produção de provas), isto é, a oitiva de testemunhas (meio mais eficaz de colher provas num processo de nulidade de casamento), bem como a eventual elaboração de laudo técnico preparado por um psicólogo, tem início a fase denominada *decisória*. Neste momento atuará o *defensor do vínculo*. Cabe a ele verificar se o processo transcorreu com a observância da lei adjetiva (lei processual) e, também, expor tudo o que razoavelmente possa ser aduzido contra a tese da nulidade do Matrimônio. O múnus do defensor do vínculo é proteger a

69

instituição do Matrimônio, agindo em cada caso concreto com total liberdade e independência.

A sentença afirmativa terá de passar pelo crivo de outro tribunal eclesiástico; será analisada por outros juízes. Cuida-se aqui do instituto do *reexame obrigatório*, mais conhecido nos meios canônicos como *dupla negativa*. O sacramento do Matrimônio é um bem muito precioso para o Povo de Deus. Por conseguinte, o legislador houve por bem estabelecer o reexame obrigatório da sentença que decreta a nulidade, a fim de que outra corte canônica, de grau superior, confirme esta decisão.

Conclusão

O processo é a vida do Direito. A lei substantiva, vale dizer, o bem ou direito em si, estaria gravemente comprometida não fosse a atuação do juiz, por intermédio do processo. As contendas ou lides não seriam compostas ou, na melhor das hipóteses, sua resolução ficaria à mercê da boa vontade do mais forte. O processo dá a cada um o que é seu. No grêmio da Igreja, o processo recebe o influxo luminoso do Evangelho de Nosso Senhor Jesus Cristo. O Cristianismo teve reflexos em quase todos os ordenamentos jurídicos estatais. Eis o que ensina Vicente Greco Filho:

> Inegavelmente foi a doutrina cristã que mais valorizou a pessoa humana, definindo o homem como imagem e semelhança de Deus. [...] Imediatamente, sentiu-se tal influência na mitigação das penalidades atrozes, no respeito ao indivíduo como pessoa e em outros campos.[13]

Neste breve capítulo propus-me a abordagem sucinta de alguns aspectos do processo canônico. Fi-lo tendo em mente a urgência de estudos cada vez mais aprofundados deste ramo do

---

[13] GRECO FILHO, Vicente. *Direito Processual Civil brasileiro*. São Paulo: Saraiva, 2000. p. 19.

Direito Canônico. Ultimamente, empresta-se grande relevo ao direito material ou substantivo em detrimento do direito adjetivo ou processual. Esqueceu-se com facilidade o adágio jurídico segundo o qual a cada direito corresponde uma ação (processo) que o assegura. Não existe direito na Igreja sem a correspondente tutela processual. Se há o direito à liberdade, igualmente surge o *habeas corpus* como remédio processual estatal para coibir os excessos da autoridade e preservar o direito de locomoção da pessoa humana. Se um casamento é nulo e, às vezes, os envolvidos têm certeza desta patologia, é preciso recorrer à ação judicial canônica, visando à declaração de nulidade.

O processo, em suma, persegue a verdade. Termino este capítulo dando a palavra a José Garcia Faílde, decano da Rota Espanhola:

> Parece claro que a finalidade do processo é o encontro do juiz com a verdade objetiva e, portanto, a adequação da sentença à realidade objetiva controvertida do processo.[14]

---

[14] FAÍLDE, Juan José García. *Derecho Procesal Canónico*. Salamanca: Universidad Pontifícia de Salamanca, 1995. p. 287.

CAPÍTULO 6
A instrução *Dignitas Connubii*. Regulamento dos tribunais eclesiásticos

Introdução

Na cerimônia de apresentação da instrução *Dignitas Connubii*, o Cardeal Julián Herranz afirma que "num contexto de mentalidade divorcista, também os processos de nulidade podem ser facilmente mal-entendidos, como se fossem apenas formas de obter o divórcio com o aparente beneplácito da Igreja". Conclui o prelado: "A diferença entre a nulidade e o divórcio seria meramente nominal".[1]

A norma legal que será aqui analisada, apenas em alguns de seus aspectos, foi gestada ao largo de oito anos. A imprensa internacional, mesmo a brasileira, deu destaque à instrução. Por exemplo: no jornal *Folha de S. Paulo*, leu-se esta assertiva: "Na ocasião (numa audiência aos prelados da Rota Romana), (o papa) criticou a permissividade dos 800 tribunais da Igreja Católica ao declarar a anulação de Matrimônios religiosos".[2]

Segundo Carl Bernstein e Marco Politi, biógrafos do papa, João Paulo II se pronuncia insistentemente aos prelados da

---
[1] Apresentação à imprensa da instrução *Dignitas Connubii*, intervenção do Cardeal Julián Herranz, disponível em: <http://www.vatican.va/roman_curia/pontifical_councils/intrptxt/documents/rc_pc_intrptxt_doc_20050208_present-dignitas-connubii_po.html>.

[2] Disponível em: <http://www1.folha.uol.com.br/folha/mundo/ult94u80715.shtml>. Acesso em: 8 fev 2005.

Rota Romana contra o que seria um "surto de anulações de casamento": "O juiz não deve se deixar influenciar por conceitos antropológicos inaceitáveis", advertiu ele em 1987. "O juiz deve sempre se resguardar do perigo do sentimentalismo, que é pastoral apenas na aparência (1990)". "Está fora de questão a norma divina, ou mesmo flexibilizá-la, para atender ao capricho do ser humano (1992)."[3]

A presente instrução é antes de tudo um vade-mécum. Colige não apenas os cânones processuais do Código, colocando-os num texto único, bem como insere interpretações autênticas e a jurisprudência da Rota Romana. É um verdadeiro manual que deve acompanhar sempre o juiz. Irá, destarte, facilitar o trabalho nos tribunais eclesiásticos.

Na vigência do Código ab-rogado, expediu-se também uma instrução, com objetivos parecidos, a *Provida Mater*. Essa instrução veio a público vinte anos após a entrada em vigor do Código pio-beneditino, isto é, em 1936. Ora, não poderia ser diferente, porque, primeiro, era necessário auscultar atentamente o labor incessante dos tribunais eclesiásticos, levando em conta principalmente a jurisprudência, para, mais tarde, em época de amadurecimento, proferir uma instrução que auxiliasse sobremaneira a condução dos processos de nulidade de Matrimônio. Com relação à instrução *Dignitas Connubii*, ocorreu praticamente o mesmo fenômeno. Ela também vem a lume aproximadamente vinte anos após a promulgação do Código, que se deu em 1983, e igualmente representa um portentoso ajutório nas atividades forenses que tocam às causas de nulidade de Matrimônio.

---

[3] BERNSTEIN, Carl; POLITI, Marco. *Sua Santidade João Paulo II;* a história oculta de nosso tempo. 6. ed. São Paulo: Objetiva, 1996. p. 518.

Natureza jurídica da instrução em geral

A normatividade canônica compreende uma série de atos legislativos. Através desses atos são regradas as relações intersubjetivas. Eis, a propósito, o desiderato do direito: reger as relações na comunidade, constituindo-se no "conjunto de normas gerais e positivas, que regulam a vida social".[4] Assim como assim, o direito não há de desempenhar o papel de obstáculo à prática da caridade. Muito pelo contrário, as normas jurídicas garantem voz e vez a todos os membros da Igreja. Não houvesse leis, encontrar-nos-íamos muita vez à mercê do despotismo e do autoritarismo. Dessa maneira, é bom que compreendamos que a lei visa à liberdade, pois somente num ambiente livre de opressões é que medram vertiginosamente os valores do Evangelho. Volvemos à instrução.

O cânon 34, parágrafo 1, define esta espécie normativa chamada "instrução". A instrução tem como objetivo *clarificar* a lei, isto é, tornar a lei mais facilmente executável. Destina-se a instrução aos que têm o múnus de cumprir a lei. Portanto, a instrução que estamos analisando está precipuamente direcionada aos operadores do Direito que atuam nos tribunais eclesiásticos (juízes, defensores do vínculo e advogados), mormente aos juízes, cujo mister é propiciar a eficácia da lei ao caso concreto. A emanação da instrução compete a quem tem Poder Executivo na Igreja, como os bispos e vigários-gerais. A *Dignitas Connubii* foi expedida pela Cúria Romana, que obviamente detém o Poder Executivo. Aliás, entende-se por Poder Executivo o complexo de atribuições conferidas a determinada autoridade eclesiástica (por exemplo, o bispo), com vistas na implementação da lei, ou na *execução* dela. É a atividade de *executar* a lei na situação con-

---

[4] RADBRUCH, Gustav. *Introducción a la filosofía del Derecho*. Pamplona: Eunsa, 1973. p. 47.

creta. Os Estados também adotam a mesma sistemática. Trata-se da famigerada tripartição dos poderes: Legislativo, Executivo e Judiciário. O primeiro poder, nas sociedades políticas, como o Brasil, é exercido por representantes do povo, que elaboram as leis, vale dizer, o direito positivo. O segundo normalmente está a cargo do presidente, governadores e prefeitos, que devem aplicar ou executar a lei. O terceiro, o Judiciário, é exercido por juízes concursados, e possui a missão de compor os litígios que inevitavelmente ocorrem na sociedade. Nem a comunidade eclesial está isenta dos conflitos, porque a Igreja é santa e pecadora. Daí a existência de tribunais canônicos, órgãos do Poder Judiciário da Igreja.

Na Igreja, os três poderes encontram-se nas mãos do bispo. Normalmente, o bispo delega os poderes Executivo (vigário-geral) e o Judiciário (vigário judicial), no entanto, *grosso modo*, é-lhe expressamente defeso transmitir o Poder Legislativo (cânon 135, parágrafo 2).

A instrução é exarada dentro dos limites da competência do detentor do Poder Executivo. Ela não inova no ordenamento jurídico, ou seja, não tem o condão de produzir direitos e deveres. Apenas explicita os já existentes. A geração de direitos e deveres somente se dá mediante a lei. Portanto, uma instrução jamais derroga a lei e, em se verificando conflito entre uma e outra, prevalece a lei (cânon 34, parágrafo 2). Se cessar a vigência da lei, a instrução perde a eficácia automaticamente (cânon 34, parágrafo 3). Deveras, a instrução se assemelha bastante ao chamado *decreto regulamentar*, instituto jurídico inserido no ordenamento legal brasileiro. O decreto objetiva-se ao cumprimento da lei. Contudo, o membro do Poder Executivo (presidente, governador ou prefeito) não está autorizado a transpassar os lindes do decreto. O escopo tanto do decreto quanto da instrução canônica é decerto viabilizar a vontade do legislador (*mens legislatoris*). O legislador determinou claramente os limites de uma instrução que, em tese, não conterá preceitos novos, desbordando da lei. Sem embargo, a instrução *Provida Mater*, de 1936, segundo o comentário de Jesús Hortal, sj, estabeleceu novas diretrizes para os processos de nulidade de matrimônio.[5] Outro discrímen que se faz relevante: a instrução se diferencia do *decreto geral executório*, porque este obriga a todos os que estão sujeitos à lei (cânon 32), ao passo que a instrução, conforme vimos linhas atrás, endereça-se particularmente aos executores da lei, como os juízes eclesiásticos.[6]

Objetivo da instrução *Dignitas Connubii*

Encetemos este item do artigo com citação do próprio Cardeal Julián Herranz:

> O porquê do presente documento
> A Instrução *Dignitas Connubii*, que hoje é apresentada, constitui o fruto de um longo trabalho empreendido em 1996, *por explícita indicação do Santo Padre*, pelas Congregações da Santa Sé aqui representadas: [...].[7]

Logo em seguida, sintetiza o prelado:

> O motivo da presente instrução é muito simples: deseja-se oferecer aos agentes jurídicos nos tribunais eclesiásticos um documento de índole prática, uma espécie de *vade-mécum* que sirva de guia imediata

---

[5] HORTAL, Jesús. *Comentário ao Código de Direito Canônico*. São Paulo: Loyola, 1983.
[6] CIÁURRIZ, María José. "En efecto, la finalidad de las instrucciones es la de aclarar el contenido de las leyes y determinar la forma y el procedimiento para su ejecución." In: *Comentario Exegético al Código de Derecho Canónico*. Instituto Martín de Azpilcueta.
[7] Disponível em: <http://www.vatican.va/roman_curia/pontifical_councils/intrptxt/documents/rc_pc_intrptxt_doc_20050208_present-dignitas-connubii_po.html>. Fonte: sítio internáutico do Vaticano, grifos nossos.

para um melhor cumprimento do seu trabalho nos processos canônicos de nulidade do Matrimônio. Deste modo, *desejou-se repetir a experiência positiva que se teve com a análoga instrução Provida Mater, de 1936*.[8]

Vemos que o cardeal alude à instrução proferida vinte anos após a entrada em vigor do Código de 1917. Sabemos que a *Provida Mater* estabeleceu "novidades" na condução dos processos de nulidade de casamento.

Na cerimônia de apresentação da instrução em comento, Julián Herranz assinala que é necessário emprestar ao procedimento de nulidade uma verdadeira natureza de processo judicial. Ouçamo-lo novamente:

> [...] é preciso uma verdadeira verificação da verdade objetiva acerca da validade ou invalidade da união. Este compromisso de buscar a verdade deve responder a dois requisitos fundamentais: permitir a defesa e o debate das argumentações a favor e contra a nulidade, bem como a reunião das provas num sentido ou noutro; e confiar a tarefa de julgar a um terceiro imparcial. Estes dois requisitos são precisamente os do processo judicial [...].[9]

Ao deveras, quer-se com esta instrução restaurar um instituto eminentemente processual e indispensável para a obtenção da verdade real: o contraditório. Ensina Faílde:

> É de grande importância em qualquer juízo que desde o começo fique bem determinado o objeto do mesmo; certa determinação deste objeto já consta, sem dúvida, da demanda, mas, como esta é preparada unicamente pelo demandante, *exige a justiça que também seja ouvida a parte demandada para que manifeste se confirma ou não confirma o que disse o demandante*.[10]

Notamos que o mestre espanhol frisa que o contraditório é um ditame de justiça. Não há que olvidá-lo, sob pena de malferir o

---

[8] Ibid.
[9] Ibid.
[10] FAÍLDE, Juan José García. *Nuevo Derecho Procesal Canónico*. Salamanca: Pontifícia Universidad de Salamanca, 1995. p. 108 – tradução e grifos nossos.

processo, transformando-o num meio inábil para a consecução da verdade real acerca da validade do sacramento do Matrimônio. A instrução em apreço é o sumário de várias ocorrências jurídicas ao largo da vigência do Código de 1983: interpretações autênticas, respostas da Assinatura Apostólica, bem como jurisprudência da Rota Romana. Um verdadeiro amálgama legislativo a serviço do operador do Direito, fruto do amadurecimento de vinte e dois anos do Código Canônico. Por isso, dá-se-lhe o apelativo de vade-mécum, uma vez que todos os passos que o juiz canônico deve seguir para chegar a um veredicto acerca da nulidade de um Matrimônio concreto estão condensados na instrução. No Código, ao revés, esses dispositivos estão esparramados em diversas seções.[11] Cada artigo da instrução (ela é divida em artigos, ao passo que o Código se reparte em cânones) reporta-se amiúde a um cânon do Código. Outro dado importante refere-se ao fato de que a instrução reuniu uma plêiade de jurisprudência e interpretações autênticas, assim, de certa maneira, haverá inovações. Tal afirmação, entretanto, tem de ser lida *cum grano salis*, porque a instrução sempre está a salvaguardar o espírito original do Código, como as interpretações autênticas e a jurisprudência rotal.

O Romano Pontífice, em discurso dirigido aos auditores da Rota Romana no dia 20 de janeiro de 2005, expressou seu veemente desejo de que os pastores sagrados não pensem que os atos dos tribunais são uma questão meramente técnica, da qual podem se desinteressar, confiando o labor dos tribunais inteira-

---

[11] "In parte speciali (cann. 1.671-1.691) *De processibus matrimonialibus*, in uno capite colligit normas peculiares huic processui proprias, dum cetera praescripta, quae integrum processum regunt, inveniuntur in parte generali *De iudiciis in genere* (cann. 1.400-1.500) atque *De iudicio contentioso* (cann. 1.501-1.655), quo fit ut iter processuale, quod iudices et tribunalium administri in causis ad matrimonii nullitatem declarandam sequi tenentur uno eodemque tractu continuo non inveniatur. Difficultates quae in huiusmodi causis pertractandis inde subsequuntur per se patent necnon iudices illas continuo experiri fatentur [...]" – Proêmio da *Dignitas Connubii*.

79

mente aos juízes vigários.¹² De fato, o bispo é o moderador do tribunal. O Poder Judiciário é por ele delegado ao vigário judicial e aos juízes provisionados. A qualquer momento, o bispo pode chamar para si, isto é, avocar uma causa.

O proêmio da *Dignitas Connubii* assevera ser evidente que o casamento e a família não constituem um "assunto particular", que cada um resolve ao seu modo (*Patet tamen matrimonium et familiam non esse quid privatum, quod unusquisque ad proprium arbitrium confingere possit.*). Retomemos o discurso que o Romano Pontífice fez aos auditores da Rota Romana:

2. [...] A reação firme da norma canônica a tais comportamentos é bem conhecida (cf. cânones 1.389, 1.391, 1.457 e 1.488-1.489).
3. [...] Nas atuais circunstâncias existe também outro risco incumbente. Em nome de presumíveis exigências pastorais, levantaram-se algumas vozes com a proposta de declarar nulas as uniões totalmente malogradas. Para obter este resultado, sugere-se que se recorra ao expediente de manter as aparências processuais e substanciais, dissimulando a inexistência de um verdadeiro juízo processual. [...]¹³

Resta clarividente o propósito de dar maior fôlego aos processos de nulidade de matrimônio, restabelecendo um autêntico contraditório, que, como vimos atrás, é a marca registrada de todo processo contencioso. Na trilha da *Provida Mater*, a presente instrução ora analisada quer conduzir pela mão (*manuducantur*) juízes e ministros do tribunal eclesiástico, a fim de que se possa levar a cabo da melhor maneira possível o procedimento para a declaração de nulidade do Matrimônio.

---

[12] Discurso do Papa João Paulo II na solene inauguração do ano judiciário do Tribunal da Rota Romana, disponível em: <http://www.vatican.va/holy_father/john_paul_ii/speeches/2005/january/documents/hf_jp-ii_spe_20050129_roman-rota_po.html>.

[13] Ibid.

Estrutura e ênfases da instrução *Dignitas Connubii*

A instrução é dividida em títulos, capítulos e artigos, sua parcela nuclear. Ao todo são trezentos e oito artigos. Não nos deteremos na análise de cada um dos títulos e capítulos, em virtude das limitações de espaço deste livro, mesmo porque nosso propósito é dar uma visão geral da instrução, já que o tratamento pormenorizado de cada tema implicaria a elaboração de um autêntico tratado de Direito Canônico.

Passemos ao estudo sucinto de pontos relevantes para que o processo de nulidade de Matrimônio adquira foros de verdadeiro processo contencioso.

O artigo 101 preceitua a necessidade do advogado canônico, cuja nomeação é obrigatória, a fim de que cada parte esteja apta a defender seus direitos com a ajuda de uma pessoa competente (*personae competentis*), especialmente quando se tratar de causas difíceis. Ora, no momento em que se empresta tal relevo à figura do advogado, não há dúvida de que se deseja instaurar um processo verdadeiramente contencioso. Ademais, quando se fala na defesa do direito, remete-se à possibilidade, muito comum, de que as partes não estejam de acordo a respeito da validade do Matrimônio. A parte que não concordar com as teses favoráveis à nulidade, perfilhadas pelo *ex adverso*, disporá da oportunidade de contra-argumentar e de produzir provas que confutem a tese oposta. Observe-se que isto não é novidade alguma, mas é um assunto enfatizado pela instrução em artigo próprio, que não é mera reprodução de dispositivo do Código.

Estamos estudando as personagens que participam do processo de declaração de nulidade. Portanto, voltemos nosso olhar percuciente para uma personagem fundamental neste tipo de processo, quiçá a mais importante para a mantença do legítimo contraditório, para garantir que o processo canônico não seja apenas um processo de aparência, mas um processo judicial, como enfatizou o Cardeal Herranz. Refiro-me ao *defensor do vínculo*. Se o contraditório não se estabelece entre as partes, porque ambas estão de acordo acerca da nulidade do Matrimônio, então o contraditório se dará entre as partes e o defensor do vínculo. Ele cumpre uma missão importantíssima nas causas de nulidade. O defensor do vínculo é *custos matrimonii*, cabe-lhe envidar todos os esforços, apresentando argumentos favoráveis à validade do vínculo e, por outro lado, refutando provas claudicantes apresentadas por aqueles que têm o ônus de provar a nulidade (*onus probandi*), ou seja, as partes.

Roborando o cânon 1.432, o artigo 56, parágrafo 3, da instrução reza que, em todo tribunal, o defensor do vínculo está obrigado a propor qualquer tipo de prova que contribua para a proteção do vínculo. É claro que deve ser resguardado o bom senso, porque, às vezes, a nulidade é evidente, e o defensor do vínculo, em parecer fundamentado, pode anuir com o prosseguimento do feito, que levará a uma sentença de nulidade, mas nunca manifestar-se favorável à nulidade:

> Artigo 56, parágrafo 5: *Numquam agere potest in favorem nullitatis Matrimonii; quod si in casu aliquo peculiari nihil adversus Matrimonii nullitatem rationabiliter proponendum vel exponendum habuerit, sese iustitiae tribunalis remittere potest*. (Em vernáculo: "[O defensor do vínculo] Nunca pode atuar em favor da nulidade do Matrimônio; se, num caso particular, nada houver para expor ou propor razoavelmente contra a nulidade do Matrimônio, pode remeter-se à justiça do tribunal".)

O parágrafo 6 deste mesmo artigo 56 determina que o defensor do vínculo que funciona em segunda instância, embora possa se referir ao parecer (*animadversasiones*) do colega que laborou em primeira instância, deve elaborar seu próprio parecer, especialmente se for o caso de uma instrução suplementar, que eventualmente tenha ocorrido.

Outra personagem igualmente importante num processo de nulidade de Matrimônio é o juiz. A propósito, todos os atos tendem a convencer o juiz relativamente a uma ou outra tese, seja a favor ou contra a nulidade do Matrimônio. Sabemos que nos tribunais eclesiásticos sempre funcionam órgãos colegiados. São três julgadores para cada causa de nulidade. Somente um deles pode ser leigo. O artigo 65, parágrafo 1, na trilha do cânon 1.676, reforça o papel do juiz de tentar restabelecer as pazes entre os cônjuges, empregando meios pastorais para convencer os esposos a continuarem juntos. Na prática forense, esta hipótese, infelizmente, é remota, porque a cotio um dos cônjuges procura o tribunal, com o relacionamento cabalmente alquebrado. Não raro uma das partes, ou ambas, convolaram a novas núpcias, tornando impossível qualquer reconciliação e convalidação. De qualquer forma, a instrução reforça o papel do juiz ou juízes de *garante* do desenvolvimento regular do processo e da aferição da verdade real.

No Título VII, tratando das *provas*, o artigo 185, parágrafo 3, formula um entendimento jurisprudencial. Na hipótese de um documento ser previamente preparado para o fim de comprovar a nulidade, deverá ser tido como documento privado, mesmo se lavrado por um notário público. Este expediente evita que sejam perpetradas maquinações prévias com o intuito de burlar o processo judicial. Ainda no campo das provas, é convinhável deixar claro que o tipo de prova mais relevante nesses processos é o testemunho de pessoas que conhecem as partes e que conviveram com elas. É certo que esses testigos nunca podem dar sua opinião própria, pois comparecem ao tribunal tão somente para falar a propósito de fatos que viram (testemunha ocular) ou ouviram (testemunha auricular). O depoimento dessas pessoas é fundamental para uma perfeita fluência do processo e obtenção da verdade real. O depoimento das testemunhas é a parte mais importante da instrução do processo.

O artigo 203 alude ao trabalho dos peritos. Reforçando o preceito do Código, o perito é necessário nas causas de impotência e nas hipóteses delineadas pelo cânon 1.095. O artigo 209, parágrafos 1 e 2, preceitua que nas causas que envolvam falta de discrição de juízo (cânon 1.095), não deve deixar de questionar o perito se um ou ambos os cônjuges sofria de alguma anomalia psíquica *na época do Matrimônio-ato*. Deve, também, indagar o perigo sobre a seriedade da referida anomalia, e como e em quais circunstâncias a anomalia surgiu e veio a manifestar-se. Neste diapasão, o perito tem o dever de declinar sua opinião, de acordo com a ciência, tomando cuidado para não exceder os limites da peritagem e emitir julgamentos (art. 209, parágrafo 3), porque o perito é apenas um assistente do juiz e deve responder aos quesitos e nada mais.

Referentemente ao preparo dos laudos, o artigo 210, parágrafo 2, estabelece que o perito deve indicar claramente através de quais documentos chegou à identidade das pessoas ou coisas inseridas no processo, que métodos empregou para chegar às conclusões do laudo e quais argumentos embasam as conclusões. Outrossim, tem o perito de manifestar o grau de certeza que essas conclusões apresentam.

De uma sentença afirmativa de nulidade deve-se recorrer *ex officio* (cânon 1.682, parágrafo 1; art. 264). Nada obstante, o defensor do vínculo está obrigado a apelar, se considerar que a sentença declaratória da nulidade não está suficientemente fundamentada em provas robustas (art. 279, parágrafo 2). Este apelo não se restringirá à frase seguinte: recorro. A apelação do defensor do vínculo portará um arrazoado completo dos motivos que o levam a crer na inidoneidade da sentença que declarou a nulidade. A mesma regra serve para as partes. Não basta um simples: apelo. É mister exibir os argumentos do recurso, o arrazoado, malgrado o artigo 281, parágrafo 2, preceitue seja suficiente que o apelante manifeste ao juiz *a quo* o desejo de recorrer (*Satis est ut appellans iudici a quo significet se appellationem interponere.*). De qualquer modo, o ideal é que o apelo venha com argumentos, até mesmo para formar a convicção dos juízes da corte *ad quam*.

Conclusão

A instrução sucintamente estudada neste capítulo não será com certeza uma revolução nos meios judiciários canônicos. Mesmo porque, praticamente, não há novidade alguma. Aliás, cientificamente falando, atendo-se aos parâmetros do cânon 34, a instrução nada mais é do que um ajutório na aplicação da lei ao caso concreto.

É certo que esta instrução porta a contribuição da jurisprudência rotal, bem como das interpretações autênticas. Contudo, esses dispositivos já vinham sendo observados e postos em prática nos tribunais.

Sem sombra de dúvida, a grande "novidade" da instrução é o fato de ela sublinhar o *contraditório* como instituto preponderante e necessário no processo de aferição de nulidade de casamento. As causas de nulidade de Matrimônio têm de ocorrer como se cuidasse de um processo judicial do Estado. Em outras palavras, é mister uma certa combatividade. Se uma das partes não concorda com a tese da nulidade, terá todo direito de manifestar-se. O mais importante, todavia, é a função exercida pelo *defensor do vínculo*, que é uma espécie de *custos matrimonii* (defensor do casamento). A ele compete a tarefa de expor argumentos favoráveis à união, porque, canonicamente, a presunção é de validade do Matrimônio.[14]

Os laudos elaborados em função do cânon 1.095, n. 2 (imaturidade para contrair o casamento), deverão ser muito detalhados, demonstrando o método usado, bem como os fundamentos para a opinião do perito.

Não podemos simplesmente negar os abusos. Infelizmente, em certos tribunais, a instrutória (colheita das provas), muito malconduzida, não logra produzir provas robustas da nulidade do casamento, principalmente quando se discute a mácula da falta de discrição de juízo ou imaturidade, explicada no parágrafo anterior. O Cardeal Herranz tem razão ao afirmar que nessas hipóteses o processo canônico é judicial só na aparência, pois, na realidade, é reles aquiescência com o divórcio. Daí a importância de ocorrerem debates entre teses díspares: uma em prol da nulidade, outra, contrária, ou seja, em favor da manutenção do vínculo, da validade do casamento.

Somente o passar do tempo nos fornecerá elementos para avaliarmos do valor prático dessa instrução. Assim como assim, o Vaticano necessita estar atento e promover, de quando em

---

[14] Cânon 1.060.

quando, correições (auditorias) nos tribunais eclesiásticos, quer diretamente, quer por delegação.

CAPÍTULO 7

A fome e o Direito Canônico

Introdução

O presente capítulo propõe-se a responder à indagação tão premente sobre a fome, que flagela milhões de brasileiros. Recrudesceu na sociedade uma luta vigorosa contra este cancro. Esta batalha tem de ser travada em várias frentes. Toda a comunidade é chamada a participar. Muitas das formas de participação são um tanto quanto assistencialistas, como, por exemplo, a simples doação de dinheiro ou gêneros alimentícios. É indispensável que a sociedade siga outros rumos, com uma melhor distribuição de renda. Todavia, a calamidade é tão grande que, num primeiro momento, não se pode fugir do paternalismo/assistencialismo.

Será que o Direito Canônico, o ordenamento jurídico da Igreja Católica, que estamos estudando neste livro, poderá dar alguma contribuição válida e operosa no projeto de superação da fome? À primeira vista, a resposta parece ser negativa, porque enxergam o Direito Canônico como um emaranhado de normas, muitas vezes obsoletas, porém necessárias, para regrar coisas como a administração dos sacramentos ou a disciplina dos clérigos... É, sem dúvida, uma visão completamente errônea do que seja o Direito Canônico.

Neste capítulo, tentarei demonstrar o equívoco da referida visão reducionista do Direito Canônico. Ora, se a Igreja é uma *sociedade perfeita*, no sentido de que dispõe dos meios necessários para atingir seu fim, *a salvação das almas*; se a Igreja é uma sociedade de mais de um bilhão de pessoas, é óbvio que o Direito Canônico não se limitará aos clérigos e à sacristia. Quando estudamos algumas nuanças do ordenamento jurídico da Igreja, no capítulo 2, tivemos a oportunidade de analisar essas questões. De qualquer modo, é sempre oportuno frisar os itens essenciais.

O Direito Canônico pervade a vida dos batizados (católicos) e quer ajudar a implementar neles o autêntico espírito de caridade. Não nos esqueçamos igualmente que o atual Código é uma ferramenta eficaz para pôr em prática o ideário e os valores do Concílio Vaticano II.

Outro ponto a frisar, à qual amiúde retomarei neste capítulo, diz respeito ao fato de que o Direito Canônico necessita ser diuturnamente iluminado pelos documentos da CNBB, pelas atas das conferências latino-americanas. Outrossim, não se pode desprezar o conjunto enorme de leis esparsas (canônicas, mas não contidas no Código), elaboradas pelas comunidades, que enfrentarão o problema da fome e a responsabilidade dos católicos de forma mais eficiente e atual.

No primeiro item, esforçar-me-ei por esclarecer a pertinência temática da questão da fome relativamente ao direito de um modo geral, particularmente ao Direito Estatal. Lancetar a fome é um imperativo de justiça. Se o Direito, seja ele canônico, seja estatal, não levar em consideração o problema da justiça, não estaremos mais diante de um genuíno arcabouço jurídico, mas seremos sujeitos de um conglomerado de regras que só se prestam a salvaguardar os interesses da classe dominante.

Em seguida, numa outra etapa deste capítulo, demonstrarei que o Direito da Igreja Católica, isto é, o conjunto das leis que regulam o dia a dia dos católicos, também está interessado no problema da fome, mais do que o Direito Estatal, porque o Direito que disciplina a Igreja possui uma matriz religiosa. Assim, há que se ressaltar o princípio da evangélica opção preferencial pelos pobres, não exclusiva nem excludente, que tem de ser a chave de leitura e hermenêutica das regras do Código Canônico, mormente daquelas que tangerem ao problema da fome.

Deparam-se no atual Código alguns instrumentos específicos para debelar a fome. Farei um exame de cada um deles. As associações de fiéis,[1] que serão criadas com o objetivo exclusivo de tratar da questão da fome. Cada batizado, clérigo ou leigo, tem a obrigação de participar desses empreendimentos.[2] Não se cuida tão somente de uma obrigação moral, mas jurídica, uma vez que estabelecida no Código Canônico.

O incentivo do bispo diocesano, enquanto animador e pastor da comunidade, é, indubitavelmente, de grande importância. O Direito Canônico determina que o bispo respalde e dê alento a esses tipos de iniciativa.[3]

Por fim, dentre os cânones que elegi para as considerações deste capítulo, discuto o problema da destinação dos bens temporais.[4] É uma opção difícil desfazer-se de seus próprios bens. No entanto, o tempo urge e a fome de milhões de batizados necessita ser aplacada.

O Direito Canônico dá a impressão de ser algo meio estático e perpetuador do *status quo*. Ledo engano! Os juristas, mormente os leigos, são convocados a compulsar o Código e extrair dele muitas inovações e muitos direitos. Faz-se mister dar vida a institutos e mecanismos que estão lânguidos no Código. No

---

[1] Cânon 215.
[2] Cânon 222, parágrafos 1 e 2.
[3] Cânon 394, parágrafo 2.
[4] Cânon 1.254, parágrafo 2.

entanto, responder ao clamor do povo oprimido, que passa fome, é o objetivo prioritário e preferencial da lei canônica.

Direito e fome

Há uma relação visceral entre o Direito e a fome. O Direito, no seu aspecto positivo, é um conjunto de normas que regulam a vida em sociedade. Ora, não haverá vida alguma, muito menos vida abundante,[5] se o ordenamento jurídico estatal não previr o mínimo de dispositivos que determinem uma equânime distribuição de alimentos.

Este é um tema bastante atual. Com efeito, hoje em dia assistimos aos ingentes esforços da sociedade para debelar a fome de cinquenta milhões de compatriotas. Neste diapasão, instituiu-se um órgão especial para promover ações com vistas a saciar a fome dos milhões de brasileiros. Além disso, estimula-se a sociedade a participar desta grande empresa benemérita. Muitos cristãos estão diretamente envolvidos neste projeto de imensa envergadura.

Existe, também, um outro modo de arrostar o direito, contemplando-o como direito-justo. O direito, nesta acepção, não é simplesmente a hierarquia de leis, mas, principalmente, a emanação da justiça. E o que vem a ser a justiça? Di-lo Ulpiano, na seguinte célebre frase: *"Iustitia est constans et perpetua voluntas ius suum cuique tribuendi"*[6] ["A justiça é a vontade constante e perpétua de dar a cada um o que lhe é devido]. Explica o saudoso professor Montoro:

> A palavra "direito", como dissemos, é ainda suscetível de outra significação, claramente distinta das anteriores, que coloca o direito em

---

[5] Cf. Jo 10,10.
[6] ULPIANO. *Digesto*. Livro I, De justitia et iure.

outra perspectiva e o relaciona com o conceito de justiça. Trata-se do direito na acepção de justo.[7]

Estar em condições de fazer, ao menos, três refeições quotidianas é um imperativo de justiça. As normas legais têm de referendar o aludido ditame, porque é algo que é devido ao ser humano por razões ontológicas. À luz da fé, diríamos que o ser humano, sendo imagem e semelhança de Deus, faz jus à vida digna. O Direito Estatal, na trilha do escólio de Montoro, não olvidará tal princípio, uma vez que se trata de um postulado de direito natural.

Se a sociedade precisa legislar em consonância com os ditos princípios, diz-se que o homem e a mulher famintos têm direito ao alimento necessário à subsistência. Falamos aqui de outra nuança do direito, isto é, direito-faculdade (*facultas agendi*). O ser humano exercendo uma faculdade que lhe é inerente em determinado contexto. Assim, por exemplo, quem adquire um automóvel tem o *direito subjetivo* de usar o referido bem para sua locomoção. *Mutatis mutandis*, a pessoa humana dispõe do inalienável direito subjetivo de se alimentar condignamente. Embasado neste princípio comezinho, os Estados civilizados não punem os chamados "furtos famélicos", ou seja, as subtrações de víveres imprescindíveis para a manutenção da saúde da pessoa. Verifica-se uma *axiologia* fundamental que ilumina a atividade legiferante, independentemente da adesão a qualquer credo religioso. O Direito tem o múnus de garantir esses valores, mormente o valor irrenunciável da vida e da existência salutar do ser humano.

Os programas que vêm sendo empreendidos pelo Estado brasileiro sempre foram assistencialistas. O ideal seria que houvesse

---

[7] MONTORO, André Franco. *Introdução à ciência do Direito*. São Paulo: Revista dos Tribunais, 1983. p. 38.

transformações radicais na estrutura da sociedade, propiciando a criação de empregos e o acesso de todos os cidadãos aos bens públicos. Sem embargo, a situação é de calamidade pública. Nas periferias das grandes cidades, máxime das nordestinas, massas enormes da população (que a rigor nem sequer são considerados cidadãos) disputam com os ratos uma porção de alimento. Isto é um despautério, um autêntico carcinoma, que necessita ser extirpado incontinente. A injustiça perpetrada contra essas pessoas clama aos céus. E Deus ouve o clamor de seu povo sofrido.

Direito Canônico e fome

Antes de mais nada, é importante espancar uma dúvida que povoa a mente dos católicos, qual seja: a ideia de que o Direito Canônico encontra-se tão somente no Código Canônico, promulgado, como já vimos, em 1983. A propósito deste assunto, discorri mais pormenorizadamente no capítulo 2. Existem leis esparsas ou extravagantes que são, outrossim, puro Direito Canônico. O bispo diocesano exerce o *Poder Legislativo* (aliás, indelegável).[8] Fá-lo mediante a expedição de normas particulares (leis, decretos etc.). Estamos, igualmente, em face do Direito Canônico. Deve-se, pois, abolir a mentalidade restritiva, que enxerga normas canônicas apenas no Código Canônico. Partindo desse princípio, aquilata-se a responsabilidade das Igrejas particulares na solução do problema da fome.

De qualquer modo, para que a Igreja, do ponto de vista de sua organização jurídica, esteja, de fato, comprometida em coadjuvar na resolução da questão da fome, é imprescindível que se faça uma exegese do Código, bem como das leis esparsas,

---

[8] Cânon 135, parágrafo 2.

sob a ótica da opção preferencial pelos pobres. Esta tem de ser a chave hermenêutica para a aplicação dos cânones. E não existe nenhum absurdo nesta afirmação. Toda a atividade da Igreja, maiormente na América Latina, especialmente no Brasil, está fulcrada na opção preferencial pelos pobres. É um princípio básico, de direito divino, pois partiu de Cristo,[9] que projetará luz sobre todo o ordenamento jurídico eclesiástico. Coube à Teologia da Libertação redescobrir esses valores fontais. Este jaez de interpretação da norma jurídica encontra-se, digamos, como embrião, no Concílio Vaticano II, tendo sido explicitado nos documentos das conferências episcopais latino-americanas. Mais: há nos aludidos documentos injunções ou leis expressas relativamente à solicitude preferencial para com os pobres.[10] Pergunto: em que hipótese o Direito Canônico, na América Latina, pode ser aplicado sem a consideração desses princípios jurídico-hermenêuticos fundamentais? A resposta é que os mencionados princípios sempre haverão de iluminar o labor canonístico, sob pena de a Igreja não ser fiel à missão que lhe foi confiada.

Os bispos brasileiros, reunidos em Indaiatuba, no estado de São Paulo, exararam o seguinte princípio, que deve nortear a postura das diversas Igrejas particulares:

> O amor é atento às *necessidades reais das pessoas*, especialmente das mais pobres do nosso tempo, os excluídos da sociedade. O grande escândalo da nossa época é que, apesar da disponibilidade de grandes recursos econômicos e tecnológicos, persistam a concentração de uma enorme riqueza nas mãos de poucos e a insensibilidade ética e a falta de vontade política de nossa sociedade de acabar com a fome, de prevenir as doenças comuns, de alfabetizar e educar a todos! As nossas comunidades, que geralmente promovem uma ampla variedade de atividades caritativas e obras sociais, tenham o cuidado de *não*

---

[9] Mt 25,31-46; Lc 4,18.
[10] *Puebla*, n. 382.

atender apenas às antigas formas de pobreza, mas também às novas, que surgem em consequência das numerosas mudanças econômicas e sociais dos últimos anos e atingem novos seguimentos da população.[11]

Note-se que o documento em apreço acena com a necessidade de "as nossas comunidades", isto é, as Igrejas particulares e suas variegadas expressões sociológicas, não procederem de forma apenas assistencialista, porém visando às "novas formas de pobreza". A viabilização desse mister dependerá da elaboração de normas eclesiais ou canônicas, que regularão os comportamentos diversos. Toda organização tem um estatuto, não é verdade? Se for no âmbito eclesial, este *estatuto* ou lei interna da organização é de natureza canônica. É lídimo Direito Canônico. Assim como assim, os aduzidos princípios, sacados de muitíssimas fontes, principalmente dos pronunciamentos episcopais, terão ao menos o condão de ressuscitar os famigerados institutos tipicamente canônicos, previstos no atual Código, que trazem algum alento no combate à fome. Aliás, mais do que ressuscitar, o princípio máximo da opção preferencial pelos pobres dará um novo colorido a esses institutos, muitas vezes, excessivamente assistencialistas e funcionalistas. É por isso que a lei canônica, mesmo que oriunda do Código universal, necessita ser contextualizada na realidade brasileira e latino-americana. Fala-se muito em *inculturação*. Ora, a proclamação do Evangelho precisa respeitar a idiossincrasia dos vários povos. Não nos é lícito confundir Cristianismo com a sua expressão europeia, por exemplo. De modo idêntico, o Direito Canônico, que constantemente rege as atividades da Igreja, também há de ser contextualizado e inculturado. Do contrário, nem sequer é possível falar em contextualização e atualização da mensagem evangélica, porque não existe procedimento evangelizador sem a normatização canônica.

---

[11] CNBB. *Diretrizes gerais da ação evangelizadora da Igreja no Brasil;* 2003-2006. São Paulo: Paulinas, 2003. p. 30, n. 39. (Coleção Documentos da CNBB, n. 71.)

Meios específicos de ajudar a debelar a fome, à luz do Código Canônico

Associação dos fiéis[12]

Reza o cânon 215: "Os fiéis têm o direito de fundar e dirigir livremente associações para fins de caridade e piedade, ou para favorecer a vocação cristã no mundo, e de se reunirem para a consecução comum dessas finalidades".

Os termos *caridade* e *piedade*, grafados no cânon, têm de ser compreendidos sob o pálio da ciência teológica. Diríamos que são vocábulos técnicos. É-nos defeso amesquinhar seu significado, jungindo-o a uma visão estritamente assistencialista. Quiçá o legislador tivesse em mente a "caridade tradicional", praticada pelo rico em relação ao pobre. É a realidade da Europa, onde foi preparado o Código vigente. Contudo, a lei – e este é um princípio geral de Direito – depois de promulgada, ganha foros de autonomia: a chamada *mens legis*. Daí a utilidade e a relevância do trabalho do canonista. É preciso constantemente questionar: como esta lei canônica concreta contribuirá na implementação do Reino de Deus? A propósito, o fim do Direito Canônico é a *salus animarum*, como temos insistido neste livro, vale dizer, a *salvação das almas*, ou seja, dos homens e mulheres coevos, na sua integralidade, com suas agruras e alegrias, especialmente dos pobres (entre os quais se incluem, mais urgentemente, os que padecem fome).[13]

A caridade é uma virtude teologal; a maior delas, segundo São Paulo.[14] Portanto, a autêntica caridade, juridicamente protegida

---

[12] Cânones 215 e 216.
[13] Cf. *Gaudium et Spes*, n. 1.
[14] 1Cor 13,13.

pelo cânon sob exame, não se exaure num reles paternalismo, que sói anestesiar a consciência dos integrantes da classe dominante. A caridade evangélica suscita um programa de transformação das estruturas malsãs e consequente construção de uma sociedade nova e fraterna.

Os fiéis, leigos ou clérigos, estão, pois, aptos, com a chancela da autoridade eclesiástica (bispo diocesano), a atuar em prol da aniquilação da fome. Não se trata de erigir uma organização nos moldes da *Conferência Vicentina*, por exemplo. Isto seria perder o sentido da associação. Estas *consociationes* têm de se apetrechar para ser capazes de atingir seu escopo. Todo cristão é chamado a adentrar a liça dos que pelejam contra a fome. Todavia, fazê-lo sozinho é tarefa impossível de realizar. Por este exato motivo as pessoas se associam, estabelecem contato umas com as outras, engendrando, assim, grandíssimos projetos em benefício do bem comum. Vê-se que esta sociedade precisa ser dinâmica, estabelecendo liames com a sociedade de um modo geral.

Para os leigos, é sobremodo primordial o delineamento jurídico dessas associações. Com efeito, o Código de 1983 reconheceu como direito natural (*ius nativum*) a ereção de associações, que vêm à luz não com o beneplácito hierárquico, mas com o ato constitutivo propriamente dito. Há, desse modo, uma grande liberdade para se associar. Os batizados, somos todos membros da Igreja. Infelizmente, existe ainda uma mentalidade, principalmente na sociedade, de que somente a hierarquia representa a Igreja. Isto não é verdadeiro, nem do ponto de vista teológico, nem sob enfoque jurídico. Ao ser erigida uma associação com fins de ajudar no combate à fome, os leigos ou clérigos que dela fazem parte manifestam-se na condição de membros da Igreja Católica, em nome dela. Contempla-se aqui uma das expressões do chamado *protagonismo dos leigos*, se se trata de uma associação estritamente laical.

O cânon 216 preceitua o seguinte:

> Todos os fiéis, já que participam da missão da Igreja, têm o direito de promover e sustentar a atividade apostólica, segundo o próprio estado e condição, também com iniciativas próprias; nenhuma iniciativa, porém, reivindique para si o nome de católica, a não ser com o consentimento da autoridade eclesiástica competente.

O que nos interessa neste cânon é a admoestação para que os batizados se empenhem na ajuda a atividades apostólicas já em curso. Ora, a Igreja exerce um papel significativo na sociedade, principalmente no Brasil, país majoritariamente católico. Logo, a solicitude com os pobres é uma meta perene. Dar-lhes de comer consiste numa *obra de piedade corporal*, conforme a classificação tradicional da moral. Há projetos que têm de ser financiados, malgrado sejam de viés preponderantemente assistencialista, porquanto a fome não espera transformações sociais substanciais, que façam surdir uma coletividade igualitária.

Obrigação dos fiéis[15]

Eis os textos do citado cânon:

§ 1. Os fiéis têm obrigação de socorrer às necessidades da Igreja, a fim de que ela possa dispor do que é necessário para o culto divino, para as obras de apostolado e de caridade e para o honesto sustento dos ministros.

§ 2. Têm também a obrigação de promover a justiça social e, lembrados do preceito do Senhor, socorrer os pobres com as próprias rendas.

Neste cânon surge a expressão *justiça social* (*iustitia socia-*

---

[15] Cânon 222, parágrafos 1 e 2.

lem). O parágrafo 2 se compagina perfeitamente com o argumento da encíclica *Sollicitudo Rei Socialis*:

Assim, faz parte do *ensinamento* e da *prática* mais antiga da Igreja a convicção de estar obrigada, por vocação – ela própria, os seus ministros e cada um dos seus membros – a avaliar a miséria dos que sofrem, próximos e distantes, não só com o "supérfluo", mas também com o "necessário".[16]

O parágrafo 2 assevera o dever de socorrer os pobres *ex propriis reditibus*, com as próprias rendas, isto é, com o necessário. O preceito dominical, ao que se reporta o parágrafo 2, diz respeito àquela passagem do Evangelho de São Lucas em que Jesus afirma que uma pobre viúva dera mais do que todos os outros, "pois todos eles depositaram como oferta parte do que tinham de sobra, mas ela, da sua pobreza, ofereceu tudo que tinha para viver".[17] Em casos extremos, como a fome do semelhante, a lei canônica nos obriga a repartir nossos alimentos, mesmo que isto represente um decréscimo na dieta com a qual estamos acostumados. Não há outro caminho; ser cristão é se solidarizar com o sofrimento do próximo, não se apegando a quaisquer bens materiais, alienando-os, se for necessário, para saciar os famintos. Aliás, a encíclica sublinha o papel da justiça na vida do cristão. Não é um mero imperativo que toca à mútua convivência dos povos; a justiça é um atributo da própria fé cristã. Portanto, quando a Igreja se pronuncia oficialmente acerca de problemas sociais, age em nome da fé em Jesus Cristo. A conduta da Igreja, bem como de seus membros isoladamente, adquire natureza religiosa.

---

[16] JOÃO PAULO II. *Sollicitudo Rei Socialis*. São Paulo: Loyola, 1987. n. 31.
[17] Lc 21,3.

Os batizados precisam se conscientizar das responsabilidades que possuem no campo da justiça social. Normalmente, o fiel, sobretudo o chamado *católico praticante*, está cônscio da necessidade de pagar o dízimo, com o objetivo de que a comunidade possa adimplir com os ônus de culto e sustento do ministério. Este comportamento se refere ao parágrafo 1 do cânon em estudo. Sem embargo, carece-lhe a consciência de que a justiça social é um dever também religioso. Participar da missa dominical é obrigatório. Nada obstante, é-o, outrossim, dar de comer a quem tem fome, como estatui a lei evangélica, corroborada pelo ordenamento legal da Igreja. Observa-se que esses deveres não são exclusivos do leigo. O clérigo é chamado a cooperar, inclusive financeiramente.[18]

Incentivo do bispo diocesano[19]

Este é o texto do cânon em epígrafe: "Urja o dever que têm os fiéis de exercer o apostolado, de acordo com a condição e capacidade de cada um, e exorte-os a que participem e ajudem nas diversas obras de apostolado, conforme a necessidade de lugar e tempo".

É óbvio que se trata de mais uma admoestação aos fiéis, sobretudo aos leigos, para que se empenhem em atividades de natureza apostólica. Entretanto, neste cânon fica ressaltada a responsabilidade própria do pastor, sobre a qual ainda não havíamos dissertado. Deveras, o bispo, na qualidade de animador da comunidade, tem de fomentar e dar prioridade pastoral às iniciativas de combate à fome. Cuida-se da sobrevivência dos cristãos. Se estes não estiverem vivos, decerto não poderão ser

---
[18] Cânon 282, parágrafo 2.
[19] Cânon 394, parágrafo 2.

evangelizados. É necessário que eles recebam primeiro o alimento do corpo, para que depois recebam o alimento da alma, vale dizer, a Palavra de Deus, da qual têm também fome e sede. O trabalho do bispo será realmente eficaz se ele envidar todos os esforços, até mesmo para estabelecer contatos com as autoridades civis, o que, muitas vezes, torna-se mais difícil para o leigo. No Brasil, o episcopado ainda goza de um certo prestígio e isto precisa estar a serviço dos pobres, mormente dos famintos. O documento pontifício intitulado *A fome no mundo* verbera que exterminar a fome depende de uma "reforma do coração":

> A fome no mundo faz-nos pôr o dedo nas feridas dos homens em todos os níveis: a lógica do pecado, que se insere no coração do homem, está na origem das misérias da sociedade devido à ação das chamadas "estruturas do pecado". Para a Igreja, o egoísmo culpável e a busca desenfreada do dinheiro, do poder e da glória questionam o próprio valor do progresso como tal. [...] Assim, o homem é chamado a reformar a sua ação: o que está em jogo é vital para o mundo. Mediante um movimento de todo o seu ser, o homem há de orientar o seu coração para a unificação no amor, da sua própria pessoa e da comunidade humana. [...] Ainda que o nosso esforço seja insuficiente neste sentido, Deus mesmo velará sobre ele.[20]

O que é relevante frisar é o empenho do bispo diocesano na empresa de acabar com a fome dos brasileiros. Toda diocese deveria estar empenhada nesse projeto de forma absolutamente prioritária. O Código nos fornece as premissas para uma vivência da fé mais consentânea com a realidade, alijada de fantasias e visões pueris que colocam o religioso fora do mundo, trancado na sacristia. É animador perceber quão alvissareiro é o Direito Canônico se interpretado à luz dos princípios da opção prefe-

---

[20] *A fome no mundo*, n. 64.

rencial pelos pobres. Esta é a verdadeira *salus animarum* do complexo de leis na Igreja.

Ainda dentro do tema do incentivo do bispo diocesano, que, bastantes vezes, não é só incentivo, porém injunção (ordem) expressa e determinação *ad baculum*, é mister consignar a urgência de que as paróquias que compõem a diocese abandonem o que se costuma chamar pejorativamente de atitude paroquialesca, ou seja, tacanha, acanhada, que olha seu próprio umbigo. Muitas vezes não assistimos ao nefasto espetáculo de numa mesma diocese haver paróquias ricas que não estendem a mão às suas irmãs pobres (fronteiriças em muitos casos) sob a alegação de que no nosso território não há favelas e não há pobres? Tal comportamento vai contra o próprio conceito de *catolicidade* da Igreja, de *universalidade* da expressão comunitária. O bispo é chamado a enfrentar esses casos com energia e deve exortar os fiéis a sair dos seus guetos paroquiais e caminhar ao encontro do irmão pobre, especialmente do que não tem o que comer. A opção preferencial pelos pobres se especificou em *opção preferencial pelos que sofrem fome*. Em suma, o bispo diocesano há de empenhar sua força e energia espirituais e morais em prol de iniciativas apostólicas dessa espécie. No Brasil, ultimamente, a sociedade como um todo está se mobilizando para combater o flagelo da fome. Existem muitas iniciativas e maneiras de ajudar. A Igreja, entidade que frui de alto índice de confiança na sociedade, dará seu contributo se se esforçar em viabilizar projetos gestados por seus fiéis, colocando um pouco em repouso outros planos, quiçá de somenos interesse, até que não haja um católico que não faça três refeições ao dia neste torrão, nesta Terra de Santa Cruz.

Destinação dos bens temporais[21]

Eis a dicção do cânon que passamos a interpretar: "Seus principais fins próprios são: organizar o culto divino, cuidar do conveniente sustento do clero e dos demais ministros, praticar obras de sagrado apostolado e de caridade, principalmente em favor dos pobres".

Neste momento, vem-me à memória um feito de Dom Paulo Evaristo Arns. Quando o aludido prelado assumiu o governo da Arquidiocese de São Paulo, uma de suas primeiras providências foi efetuar a venda de um suntuoso palácio episcopal e, com o numerário arrecadado, adquirir alguns terrenos na periferia da cidade para a instalação de projetos religioso-populares. Este é um exemplo eloquente de aplicação do cânon sob exame. Estamos no capítulo do Código que trata dos bens temporais da Igreja. Ela os possui de diversas formas: imóveis, aluguéis, maquinário, móveis etc. Sob o influxo deste cânon, a comunidade (máxime a abastada) tem de se indagar relativamente à oportunidade de alienar alguns desses bens mencionados, ou usar de seus frutos (aluguéis, por exemplo), para a compra de alimentos ou o envio de gêneros alimentícios para as Igrejas particulares mais necessitadas. O sustento do clero, de que cuida o parágrafo ora analisado, pode muito bem ser provido condignamente com um incremento do dízimo nas comunidades ricas. Sei de casos de paróquias localizadas em bairros ricos que, estando sob os auspícios de religiosos, dependem do dinheiro da congregação para o cumprimento das necessidades referentes ao culto e ao sustento dos ministros, talvez por falta de uma Pastoral do Dízimo, que logre a conscientização dos paroquianos, chamando-os à responsabilidade na manutenção da Igreja e de todas as atividades dela.

---

[21] Cânon 1.254, parágrafo 2.

Aqui, é-nos forçoso referir a "Igrejas riquíssimas", como, por exemplo, a Arquidiocese de Nova York, ou a de Boston, nos Estados Unidos, onde o bispo emite cheque de milhões de dólares, muitas vezes para pagar indenizações vultosas por prática de pedofilia por parte dos padres. Consoante o espírito do Código Canônico, esse dinheiro excedente deve ser empregado principalmente a favor dos pobres, preferidos de Jesus Cristo, não só no Brasil, mas no mundo inteiro, principalmente nos países do terceiro mundo, onde existem tantos irmãos morrendo de inanição. Estamos numa fase tão crucial da história que é necessário colocar a mão no bolso e comprar a comida para o faminto mais próximo, sem deslembrar das mudanças estruturais, a médio e a longo prazos.

Mais uma vez, verifica-se o problema da prioridade. Cabe aos católicos da diocese, sob o pastoreio do bispo, refletir acerca deste tema – no nosso caso específico, no que concerne à fome dos milhões de brasileiros. Que parte do patrimônio de nossa diocese será empregada com o objetivo de coadjuvar os projetos contra a fome? Como podemos drenar alguns recursos de nossa diocese para outras Igrejas particulares (por exemplo, nordestinas) que são paupérrimas, onde, às vezes, falta o digno sustento até mesmo para os padres? São as interrogações que nos colocam este cânon. Aliás, questionam sobremodo as autoridades eclesiásticas, principalmente o bispo diocesano, que, no modelo jurídico hodierno, tem poder de decidir muita coisa por si só, até mesmo no que tange à alienação de bens eclesiais.

Corrobora o supramencionado raciocínio o comentário do professor Mário Lopez Alarcón:

> Em relação à preferência no cumprimento de uns fins sobre outros, defendem-se posições favoráveis à prioridade de ajuda aos pobres e ao sustento do clero e do culto divino. Em outro lugar, defendemos

que não é impositiva a ordem de enumeração de fins que faz o cânon 1.254, 2, no caso de patrimônio insuficiente para satisfazer todas as necessidades, sempre que foi afetado o patrimônio em particular, atendendo às necessidades peremptórias.[22]

O ínclito canonista fala em necessidades urgentes ou peremptórias. Ora, cada localidade e cada Igreja particular saberão aferir das suas exigências, sem, no entanto, esquecer de um programa comum que ora se nos depara, qual seja: a extirpação da fome em nosso país.

Conclusão

O Direito Canônico possui regras que, necessariamente, conduzem a uma mais justa e equitativa distribuição de renda no âmbito da Igreja. Admoesta e obriga os fiéis a viver o valor máximo da opção preferencial pelos pobres no dia a dia. Sendo o atual Código fruto do Concílio Vaticano II, é natural que encare os bens materiais como um *meio* para atingir o *fim sobrenatural e salvífico* da Igreja.

O princípio de que a salvação das almas é a suprema lei da Igreja, com espeque no Evangelho, jamais foi legitimamente interpretado como uma dicotomia entre o *corpo* e a *alma*. A referida leitura não faz parte do patrimônio teológico cristão. Aliás, mesmo após a morte, dizem os especialistas em escatologia, parece não haver uma sobrevida da alma por si só. Ela sempre está ligada ao corpo. Não se entende o ser humano de outra forma. Por aí se nota que as chamadas exigências espirituais o são igualmente corporais e vice-versa. A Teologia e o Direito

---

[22] ALARCÓN, Mário Lopez. *Comentario exegético al Código de Derecho Canónico*. Navarra: Eunsa, 2002. v. IV-1, cânon 1.254.

Canônico estão preocupados com o homem e a mulher históricos, uma vez que a salvação tem início já aqui, neste mundo.

A lei canônica é clara, sobretudo quando alude à obrigação dos fiéis em assistir os pobres. Contudo, é sempre necessário que façamos uma exegese à luz da opção preferencial pelos pobres e também recorrendo à Teologia da Libertação. Do contrário, estaremos fadados ao perene assistencialismo, que infantiliza os pobres e a nós outros, membros das comunidades. Por isso as associações de fiéis e os bispos diocesanos têm de estabelecer constante contato com outros setores da sociedade, forjando, aos poucos, uma mudança político-estrutural que gere de verdade uma nova sociedade, a sociedade sonhada por Jesus e seus discípulos, onde todos vivamos como irmãos e com o necessário para uma vida digna: emprego, moradia, escola e uma boa alimentação.

CAPÍTULO 8

Os princípios católicos da Constituição do Brasil

Introdução

Gostaria de chamar a atenção para um dado bastante relevante, porém muita vez deslembrado: os princípios fundamentais da Constituição Federal são lídimos valores morais. Dessa maneira, não se pode fazer uma leitura míope da Constituição, atribuindo seus dispositivos ao concerto das variegadas tendências que pululam no contexto sociatário. Não. Os temas regulados nos princípios constitucionais, principalmente os objetivos do artigo 3º, são a viva expressão de valores que vêm sendo nutridos na consciência do povo ao largo de séculos, desde o momento em que se celebrou a primeira missa neste amantíssimo torrão. O Estado é deveras laico, porém albergou em sua Carta Máxima os valores da moral cristã-católica.

Neste texto procuro levar o leitor a outras interpretações jurídicas possíveis relativamente aos conceitos de pobreza, marginalização, preconceitos etc., bem como aos destinatários do mandamento constitucional.

O que é moral e valor fez-se jurídico depois de escrito na Constituição. Todavia, não perdeu sua natureza ontológica de moral e valor, malgrado venha revestido na forma de norma do Direito. Assim, o operador do Direito não deve olvidar este aspecto, sob pena de elaborar uma interpretação muito acanhada e burocratizada dos aludidos princípios.

Quem quiser escrutar o espírito da lei, no que toca aos princípios fundamentais, precisará levar em conta este alicerce de valores. Este mister pertence ao jurista, que não é tão somente um técnico, porém necessita atuar como um homem que se responsabiliza pela implementação dos valores do seu tempo. É importante que o profissional do Direito compreenda a simbiose que há entre esses bens e a lei, qual veículo que apenas viabiliza a implantação do ideário da sociedade.

O alicerce da sociedade política

A Constituição Federal contém a normativa básica para a implementação da sociedade política. Com efeito, não houvesse o arrolamento dos direitos fundamentais, dificilmente edificar-se-ia uma comunidade operosa e de ingente vitalidade. Pelo contrário, os cidadãos se sentiriam constantemente ameaçados uns pelos outros e, o que é pior, permaneceriam diuturnamente à mercê de eventual despotismo das autoridades.

Brasileiros, somos um povo ditoso. O artigo 3º da Constituição Federal estabelece quatro objetivos para o Estado. Ei-los: construir uma sociedade livre, justa e solidária; garantir o desenvolvimento nacional; erradicar a pobreza e a marginalização e reduzir as desigualdades sociais e regionais; promover o bem de todos, sem preconceitos de origem, raça, sexo, cor, idade e quaisquer outras formas de discriminação. O gáudio de ser membro desta nação reside na honorabilidade destes objetivos. Trata-se de metas extremamente altruístas, instigadoras do real desenvolvimento da personalidade. Em outras palavras: sob o influxo desses escopos, obviamente nosso existir jamais se tornará sensaborão. É uma pena que a Constituição Federal não seja "o livro" de cabeceira de todos os compatriotas. Quiçá qualquer sociedade civilizada deva visar aos mesmos desígnios. Todavia, o Brasil é um caso à parte. Recém-saídos de um período de turbulência autoritária, escrevemos uma Constituição que forja um Estado votado à justiça social. Há enormes agruras a ser superadas. Entretanto, o labor expresso no artigo 3º suscita esperança e empresta sentido ao nosso dia a dia. Assim, não nos é lícito asseverar que o Brasil existe tão somente porque em seu torrão assistem milhões de pessoas sob o pálio de um mesmo ordenamento jurídico. Não. O Brasil que *criamos* em 1988 se constitui numa nação que tem objetivos cintilantes e celsos.

Que valores o constituinte quis albergar na Carta Política? De fato, os representantes do povo brasileiro insculpiram determinados valores na Constituição a fim de que esses genuínos *bens* pudessem ser inculcados no quotidiano dos que vivem no Brasil. O direito não é uma elocubração teorética. É simplesmente um instrumento prático para viabilizar a convivência entre os seres humanos. Di-lo lapidarmente Radbruch, citado por Washington de Barros Monteiro: "O direito é o conjunto das normas gerais e positivas, que regulam a vida social".[1] Nesse diapasão, a *soberania*, a *cidadania*, a *dignidade da pessoa humana*, os *valores sociais do trabalho e da livre iniciativa*, bem como o *pluralismo político* (artigo 1º) são valores, entre outros. A cabeça do artigo 1º explicita muito bem este ponto, ao asseverar que o Brasil se *fundamenta* nos aludidos valores. Ora, mesmo na seara das relações estritamente intersubjetivas, não há que se falar em vida sem respaldo nos valores. A vida do ser humano

---

[1] MONTEIRO, Washington de Barros. *Curso de Direito Civil.* 22. ed. São Paulo: Saraiva, 1983. Parte geral, p. 1.

fora dos valores que o Direito salvaguarda é uma existência inútil e até mesmo perigosa. Dostoievski colocou na boca de uma de suas personagens a célebre frase: "Se Deus não existe, tudo é permitido". Deus aparece aqui como a prosopopeia dos valores. Deveras, se não houvesse valores, o Direito, nem mesmo a *lex legum* teria força para proibir o que quer que fosse. Em outras palavras: os *princípios fundamentais* encontradiços na Carta Política não representam obra do constituinte, pois foram simplesmente referendados e cristalizados no Texto supremo.

Os objetivos do Brasil

No item anterior reportamo-nos aos quatro objetivos da República Federativa do Brasil. Tentemos expender algumas ideias relativamente a cada uma dessas metas à luz da questão dos valores, que é a linha-mestra do presente texto.

Comecemos pelo imensurável, porém plenamente fazível, projeto de construção de uma sociedade livre, justa e solidária. *Liberdade, justiça* e *solidariedade*. Sem sombra de dúvida, arrostamos três valores. Talvez a *liberdade* seja o valor mais augusto. Sem embargo, a *justiça* e a *solidariedade* implicam comportamentos que vencem o egoísmo e, muita vez, limitam a *liberdade* de quem resolve ser justo e aceita partilhar. Ora, é importante que atentemos para o fato de que tais objetivos não se restringem a *planos de governo* ou metas institucionais. Eles precisam ser o objetivo de todo brasileiro, homem, mulher, criança, jovem e idoso. Obviamente, o governo terá de envidar todos os esforços para atingir esses objetivos mediante a realização de medidas políticas. Por exemplo: no que toca à redução das desigualdades sociais, sem preconceitos de origem e raça (artigo 3º, incisos III e IV), a cota de negros nas universidades é um expediente jurídico, promovido pelas autoridades do Estado, com vistas em cumprir a "Carta Magna". Todavia, erradicar a marginalização, cumprindo o preceito constitucional, portanto, é tarefa do homem comum, nos relacionamentos comezinhos. Não nos é lícito amesquinhar o âmbito de aplicação das injunções constitucionais, como se o destinatário delas fosse tão somente a autoridade constituída. É o povo que precisa estar cabalmente cônscio desses objetivos. E não é difícil introjetar tal ideário no povo, pelo simples motivo de que estamos falando de valores que repousam nas entranhas da alma nacional. Nesse sentido, repetimos: a Constituição não "inventa"os princípios fundamentais, porquanto eles estão de algum modo na consciência da população, se bem que frequentemente homiziados em virtude de uma série de vicissitudes. Neste ponto, a *cidadania*, enquanto postura, procura *resgatar* o que é ínsito ao modo de ser do brasileiro. A propósito, o vocábulo *resgatar*, malgrado ser usado quase sempre como neologismo censurável, no caso concreto, é bastante pertinente, uma vez que o exercício da cidadania faz aflorar o que simplesmente jazia elíptico.

O segundo objetivo é garantir o desenvolvimento nacional (artigo 3º, inciso II). Neste comenos, a responsabilidade maior cabe ao Estado-governo, evidentemente. Nada obstante, o investimento do empresário liso, outrossim, favorece o referido desenvolvimento. A alavanca portentosa está entregue à máquina estatal. Só o governo está capacitado para atingir plenamente tal escopo. Garantir o desenvolvimento nacional não significa recrudescer a riqueza, mas majorar a qualidade de vida dos brasileiros, mormente dos pobres, porque o Brasil fez uma opção preferencial e constitucional pelos pobres (artigo 3º, inciso III). Ou o que está grafado na Constituição é um reles plano de intenções? Não, em hipótese alguma. Os objetivos do Brasil estão vazados na forma de norma constitucional autoaplicável e de vigência imediata.

O terceiro objetivo é o mais relevante: erradicar a pobreza. Como fazê-lo se não tivermos um arrimo inconcusso nos valores da *caridade*, da *justiça*, do *altruísmo*? Lobrigamos aqui uma veemente relação entre a moral e o Direito. Com certeza, não chegaremos a este objetivo sem uma melhor distribuição de renda. O saudoso Papa João Paulo II não se cansou de dizer, em encíclicas e homilias: "Há ricos cada vez mais ricos, à custa de pobres cada vez mais pobres". Ora, lancetar a pobreza e a marginalização é decerto um comportamento *revolucionário*. Pois bem, os constitucionalistas costumam industriar que a Constituição é o corolário jurídico de uma revolução incruenta. Não serão providências assistencialistas que propiciarão o cumprimento da Constituição neste ponto. É um objetivo que demanda a assunção de valores. O cumprimento deste objetivo depende cinquenta por cento do governo e cinquenta por cento da população. Não se erradica a pobreza exterminando os pobres, como soem apregoar os nazistas de plantão, que anelam proceder à esterilização em massa. O constituinte vê a erradicação da pobreza com medidas do poder público, bem como através da consciência cívica dos abastados, chamados a dividir seus bens (terras ociosas, por exemplo) e a se contentar com um lucro menor.

Por fim, o quarto objetivo fundamental da República Federativa do Brasil traduz-se na promoção do bem de todos, sem preconceitos de origem, raça, sexo, cor, idade e qualquer outra discriminação (artigo 3º, inciso IV). O bem de todos será obtido na medida em que nos contentarmos com a sobriedade dos bens. No fundo, o que o Estado brasileiro, governo e povo, podem edificar é uma sociedade com qualidade de vida, mas sem luxo. O luxo de uns poucos, numa sociedade flagelada pela fome, profliga sobremaneira o preceito constitucional em exame, empecendo a consecução deste quarto objetivo.

Estamos verdadeiramente embebidos de valores cristãos. Todavia, o racismo é excessivamente forte entre nós. Ocultamo-lo e os caucasianos não reconhecem seu racismo. A efetiva perseguição deste objetivo exigirá políticas severas em prol da compensação da desigualdade secular entre brancos e negros, tais como a cota universitária comentada, mas demandará também nosso empenho pessoal, com a mudança de hábitos e de pontos de vista no intercâmbio com os afrodescendentes. É precisamente neste ponto, vale dizer, na vivência desses valores, que lograremos atingir os objetivos para os quais o Brasil foi remodelado em 1988.

A moral católica: defensora dos princípios fundamentais do Estado

Os objetivos sobre os quais discorremos no item anterior sempre constaram do discurso da Igreja Católica. Na verdade, fazem parte do que se convencionou chamar de *Doutrina Social da Igreja*. A Igreja Católica ensina que erradicar a pobreza, isto é, a miséria nefasta que subtrai a dignidade do ser humano, é dever de todo cristão e de todo homem de boa vontade. De fato, a miséria tisna a imagem de Deus gravada nas criaturas humanas. O falecido e pranteado Papa João Paulo II insistiu em temas como a reforma agrária, distribuição de renda, porque enxergou uma relação estreita entre Evangelho e vida digna.

Como estamos tentando demonstrar neste capítulo, o povo brasileiro se acha profundamente influenciado pela mundividência cristã. Há pouco tempo ficamos estupefatos ao notar a reação das pessoas diante do decesso de João Paulo II. Tudo leva a crer que a Igreja ainda exerce um papel extremamente relevante na realidade das pessoas. Por essa razão, mesmo que não seja explicitamente, os representantes do povo introduziram tais valores nas leis, maiormente na Constituição Federal.

Os documentos da Igreja e as encíclicas dos últimos papas têm-se reportado a um princípio sacado do próprio Evangelho, assim formulado: evangélica opção preferencial pelos pobres, não exclusiva nem excludente. É interessante notar a similitude entre este princípio e o objetivo do Estado declinado no artigo 3º, inciso III (erradicação da pobreza). A opção moral ensinada pela Igreja não exclui os ricos. Ela não é nem exclusiva nem excludente. Em idêntico sentido, o Estado não segrega ninguém, pelo menos formalmente, no Texto Constitucional. Tanto isso é verdadeiro que o artigo 1º, inciso IV, pôs a livre iniciativa como fundamento da sociedade política.

O Brasil, como sabemos, é uma das potências mais opulentas do globo terrestre. Está em undécimo ou duodécimo lugar. No entanto, em virtude da péssima distribuição de renda nacional, existem milhares de bolsões de pobreza, com gente literalmente passando fome. Desse modo, o constituinte, ao erigir um novel Estado em 1988, fê-lo com o coração dirigido aos clamores da grande maioria de patrícios alijada dos recursos necessários à mantença da vida digna.

Na doutrina da Igreja restou constantemente claro o dever do cristão-católico (a maior parte dos brasileiros) de construir uma sociedade justa e solidária[2] (Constituição Federal, artigo 3º, inciso I). Afinal de contas, da religião dessume-se uma ética, que

---

[2] Cf. Jo 10,10.

certamente mobilizou e mobiliza a sociedade. Certificamo-nos a respeito da veracidade dessas afirmações quando se nos deparam tantos políticos oriundos de movimentos eclesiais; gente egressa de paróquias que adentrou a vida pública, no afã de testemunhar sua fé e criar um mundo melhor. Muitos desses cristãos estavam presentes na assembleia constituinte que teve lugar no ocaso do decênio de 1980. A Constituição brasileira não é teísta nem deísta. Na verdade, construímos um Estado laico. Todavia, a Carta Política do país indubitavelmente veicula valores da moral cristã-católica. Os princípios fundamentais assemelham-se a plano de pastoral, tão vigoroso transparece o liame que ata a moral ao Direito Constitucional. Tomemos outro exemplo assaz famigerado. A Doutrina Social da Igreja apregoa que sobre a propriedade privada pende uma hipoteca social. A Constituição brasileira assumiu este princípio, tornou-o jurídico no artigo 5º, inciso XXIII. Aliás, este princípio foi inserido nas Constituições de todas as potências civilizadas. Trata-se de um princípio basilar, que permeia o Texto Constitucional inteiro. Insular qualquer artigo da Constituição, ou, ainda, interpretar uma lei ordinária sem o archote da Constituição Federal, é promover exegese atamancada.

Os princípios católicos na salvaguarda da família

Prescreve o artigo 226, *caput*, da Constituição Federal: "A família, base da sociedade, tem especial proteção do Estado". O magistério eclesiástico sempre frisou a importância da célula familiar na edificação da sociedade política. Com efeito, João Paulo II escreveu:

As famílias, quer cada uma por si, quer associadas, podem e devem, portanto, dedicar-se a várias obras de serviço social, especialmente em favor dos pobres, e de qualquer modo de todas aquelas pessoas e situações que a organização previdencial e assistencial das autoridades públicas não consegue atingir.[3]

Para a Igreja, além da proteção especial, a família desempenha o papel de autêntica protagonista social. De fato, muitas vezes a família pode se sentir vulnerável. Entretanto, sob o pálio da doutrina católica, a família deve ter um comportamento ativo, capaz de abrir caminhos novos.

Ao normatizar a instituição familiar como *base da sociedade*, o constituinte assumiu um programa nitidamente cristão-católico. Por esse motivo, logo em seguida, a Constituição Federal, artigo 226, passa a regular o Matrimônio: " § 2º O casamento religioso tem efeito civil, nos termos da lei". O conúbio, a propósito, é um tema misto por excelência, isto é, diz respeito tanto ao Estado quanto à Igreja:

A Igreja Católica sempre postulou por seu direitos inalienáveis em face da instituição do Matrimônio. Trata-se, na verdade, do tema misto por excelência, que diz respeito à ordem temporal e espiritual [...].[4]

Em 1988, com a promulgação da nova Constituição, encerra-se, finalmente, a discriminação engendrada pelo Estado republicano positivista de 1899, que relegou o sacramento do Matrimônio à condição de concubinato. O legislador constituinte não fez uma opção clara pelo Matrimônio católico, nem poderia fazê-lo, em virtude do preceito constitucional do pluralismo religioso.[5] No entanto, a proibição absoluta do aborto, por exemplo,

---

[3] JOÃO PAULO II. *Familiaris Consortio*. 22. ed. São Paulo: Paulinas, 2009. p. 77, n. 44. (Coleção A voz do papa, n. 100.)
[4] SAMPEL, Edson Luiz. *Introdução ao Direito Canônico*. São Paulo: LTr, 2001. p. 70.
[5] Constituição Federal, artigo 5º, inciso VI.

uma vez que a vida é garantida em cláusula pétrea,[6] segue as recomendações da Igreja, porquanto os protestantes históricos e evangélicos de um modo geral são reticentes neste tema.

Conclusão

Os itens sobre os quais discorri encontram-se estritamente ligados a valores de matiz cristã-católica. O jurista que deseja interpretar o imperativo de construir uma sociedade livre, justa e solidária certamente terá de compreender perfeitamente o significado dos epítetos *livre*, *justo* e *solidário*. Para nós outros, brasileiros, essas noções foram sacadas da moral católica. Não foram apanhadas no ar, ao acaso. São fruto de uma longeva maturação.

Quando se ilumina a exegese jurídica com os suportes da moral e da cultura de um povo, extrai-se da hermenêutica muito mais do que ela poderia dar. Quanto mais nos aprofundamos, mais penetramos no chamado espírito da lei. Esta é a vocação do operador do Direito. Alguém que mergulha profundo na exegese. Como poderemos levar a cabo uma interpretação escorreita se não considerarmos os valores morais, tão límpidos e clarividentes na Constituição, nos princípios fundamentais? Infelizmente, entre os cientistas do Direito tem prevalecido uma visão terrivelmente positivista. O próprio Kelsen se insurgiu contra ela.

De certa forma, o capítulo tentou demonstrar que esses valores são parte integrante da própria lei. No que consiste, por exemplo, a dignidade da pessoa humana? Onde obteremos critérios acertados para dizer que este comportamento lanha a dignidade, enquanto aqueloutro enaltece a dignidade? Se não nos socorrer-

---

[6] Constituição Federal, artigo 60, parágrafo 4º, inciso IV.

mos dos valores e empreendermos uma inteligência tosca da lei, a dignidade do ser humano quiçá se jungirá a parâmetros bem tímidos. São, pois, os valores que dão alma à lei.

Conclusão geral

Não há dúvida de que a consciência dos direitos e deveres traz um benefício enorme. É assim na coletividade civil e na comunidade eclesial. O Direito indica um caminho. Percorrê-lo, muita vez, demanda esforço e capacidade de vencer o comodismo. Contudo, se superada a fase de resistência, todos ganham: o católico, particularmente, e o Povo de Deus.

O Código Canônico teria de estar sempre à mão. Estudar e ler seus cânones é crescer no amor e comunhão. A solução para muitos dos problemas da paróquia ou da diocese, ou mesmo da congregação religiosa, encontra-se no Código Canônico e nas leis canônicas esparsas (avulsas).

Na constituição apostólica *Sacrae Disciplinae Leges*, mediante a qual promulgou-se o atual Código, o Papa João Paulo II delineia lapidarmente o objetivo do Direito Canônico:

> Torna-se bem claro, pois, que o objetivo do código não é, de forma alguma, substituir, na vida da Igreja ou dos fiéis, a fé, a graça, os carismas, nem muito menos a caridade. Pelo contrário, sua finalidade é, antes, criar na sociedade eclesial uma ordem que, dando a primazia ao amor, à graça e aos carismas, facilite ao mesmo tempo seu desenvolvimento orgânico na vida, seja da sociedade eclesial, seja de cada um de seus membros.

No Estado vige o princípio da *isonomia*: todos são iguais perante a lei. Na Igreja, guardadas algumas peculiaridades, o mesmo princípio pode ser observado. Esta ideia está profundamente concorde com a teologia do sacramento do Batismo. Este sacramento introduz-nos na Igreja e torna-nos todos, bispos, presbíteros, diáconos e leigos, partícipes da construção do

Reino de Deus e solidários na responsabilidade de proclamar o Evangelho a todos os povos.

Como bem frisou João Paulo II, o Direito não tem o condão de substituir a graça, o carisma, ou, muito menos, a criatividade. Pelo contrário. A função das normas jurídicas canônicas é propiciar um ambiente em que jamais prepondere despoticamente a vontade de um sobre o outro, mas que a integralidade dos membros da Igreja, em comunhão com os sucessores dos apóstolos, máxime com o sucessor do Apóstolo São Pedro, o papa, edifique uma nova sociedade, que seja exemplo para o mundo e instrumento eficaz de salvação.

Bibliografia

BERSTEIN, Carl; POLITI, Marco. *Sua santidade João Paulo II;* a história oculta de nosso tempo. 6. ed. São Paulo: Objetiva, 1996.

BOFF, Leonardo. *Igreja, carisma e poder.* Petrópolis: Vozes, 1982.

CALVO-ALVAREZ, Joaquim. *Manual de Derecho Canónico.* Madrid: Eunsa, 1991.

CAPPELINI, Ernesto. *Problemas e perspectivas de Direito Canônico.* São Paulo: Loyola, 1995.

CIFUENTES, Rafael Llano. *Relações entre a Igreja e o Estado.* Rio de Janeiro: José Olympio, 1989.

CNBB. *Diretrizes gerais da ação evangelizadora da Igreja no Brasil;* 2003-2006. São Paulo: Paulinas, 2003. (Coleção Documentos da CNBB, n. 71.)

CÓDIGO de Derecho Canónico (latim-espanhol). Madrid: BAC, 1999.

CÓDIGO PENAL brasileiro.

CONSTITUIÇÃO da República Federativa do Brasil.

CRUZ E TUCCI, José Rogério et al. *Lições de processo civil canônico.* São Paulo: Revista dos Tribunais, 2001.

EMBIL, José Maria Urteaga. *Dicionário de Direito Canônico.* São Paulo: Loyola, 1993.

FAÍLDE, Juan José Garcia. *Nuevo Derecho Procesal Canónico.* Salamanca: Publicaciones Universidad Pontifícia de Salamanca, 1995.

GAUDIUM ET SPES. In: *Compêndio do Concílio Vaticano II.* Petrópolis: Vozes, 1986.

GEROSA, Libero. *El Derecho de la Iglesia.* Valencia: Edicep, 1998.

GHIRLANDA, Gianfranco. *Introdução ao Direito Eclesial.* São Paulo: Loyola, 1998.

GRECO FILHO, Vicente. *Direito Processual Civil brasileiro.* São Paulo: Saraiva, 2000.

GRUSZYNSKI, Alexandre Henrique. *Direito Eclesiástico.* Porto Alegre: Síntese Editora, 1999.

HORTAL, Jesús. *Código de Direito Canônico.* São Paulo: Loyola, 1983.

JOÃO PAULO II. *Familiaris Consortio.* 22. ed. São Paulo: Paulinas, 2009. (Coleção A voz do papa, n. 100.)

JOÃO PAULO II. *Sacrae Disciplinae Leges* (Código de Direito Canônico). São Paulo: Loyola, 1983.

_____. *Solicituto Rei Socialis*. São Paulo: Loyola, 1987.

LOMBARDIA, Pedro. *Lecciones de Derecho Canónico*. Madrid: Editorial Tecnos, 1991.

MARZOA, Ángel; MIRAS, Jorge; RODRÍGUEZ-OCAÑA, Rafael (coord. y dirigida por). *Comentário exegético al Código de Derecho Canónico*. Navarra: Eunsa, 2002. 8 vv.

MONTEIRO, Washington de Barros. *Curso de Direito Civil*. 22. ed. São Paulo: Saraiva, 1983.

MONTORO, André Franco. *Introdução à ciência do Direito*. São Paulo: Revista dos Tribunais, 1983.

ÖRSY, Ladislas. *New Commentary on the Code of Canon Law*. New York: Paulist Press, 2000.

PONTIFÍCIO Conselho "Cor Unum". *A fome no mundo*. São Paulo: Paulinas, 1997. (Coleção A voz do papa, n. 152.)

PUEBLA. São Paulo: Paulinas, 1987.

RADBRUCH, Gustav. *Introducción a la filosofía del Derecho*. Pamplona: Eunsa, 1973.

ROSA, Luigi. *Problemas e perspectivas de Direito Canônico*. São Paulo: Loyola, 1995.

SAMPEL, Edson Luiz. *Quando é possível decretar a nulidade de um Matrimônio?* 3. ed. São Paulo: Paulus, 2006.

_____. *Introdução ao Direito Canônico*. São Paulo: LTr, 2001.

SANTOS, Moacyr Amaral dos. *Primeiras linhas de Direito Processual Civil*. São Paulo: Saraiva, 1992.

SEGÚ GIRONA, Martin. *Revista de Cultura Teológica*, Pontifícia Faculdade de Teologia Nossa Senhora da Assunção, ano II, n. 9, out./dez. 1994.

SILVA, José Afonso da. *Curso de Direito Constitucional positivo*. São Paulo: Malheiros, 1999.

STARLINO, Roberto Natali. *Direito Eclesial;* instrumento da justiça do reino. São Paulo: Siquem-Paulinas, 2004. (Coleção Livros Básicos de Teologia, n. 12.)

SUMÁRIO

Prefácio 3
Introdução geral 5

Capítulo 1 – Generalidades sobre o Direito Canônico 9
À guisa de introdução: o esclarecimento de um mal-entendido 9
A vitalidade do Direito Canônico 11
Novo Direito Canônico 13
Conclusão 14

Capítulo 2 – O ordenamento jurídico da Igreja 17
Introdução 17
Monismo jurídico: só o Estado produz normas jurídicas? 18
Repulsa do Direito Canônico pelos que entendem haver antinomia
entre a lei e a caridade 20
A pastoralidade do Direito Canônico 22
Teoria sociológica do Direito: *ubi societas, ibi ius* 25
Direito Eclesiástico do Estado 27
Temas mistos: o Matrimônio regulado pela Igreja e pelo Estado 29
Direito Constitucional 31
Peculiaridades do Direito Canônico 34
Relações entre a Teologia e o Direito Canônico 37
Conclusão 39

Capítulo 3 – O estatuto jurídico dos leigos 41
Introdução 41
O leigo no Código vigente 42
Regulação do múnus dos leigos 44
Conclusão 52

Capítulo 4 – O sacramento da Eucaristia no Novo Código Canônico ...55

Capítulo 5 – Direito Processual Canônico 61
Introdução. Definição de processo 61
O instituto da *conciliação* 63
O processo penal 65
O processo de nulidade de Matrimônio 68
Conclusão 70

Capítulo 6 – A instrução *Dignitas Connubii*. Regulamento dos tribunais eclesiásticos 73
Introdução 73
Natureza jurídica da instrução em geral 75
Objetivo da instrução *Dignitas Connubii* 77
Estrutura e ênfases da instrução *Dignitas Connubii* 81
Conclusão 85

Capítulo 7 – A fome e o Direito Canônico 89
Introdução 89
Direito e fome 92
Direito Canônico e fome 94
Meios específicos de ajudar a debelar a fome, à luz do Código Canônico 97
Associação dos fiéis 97
Obrigação dos fiéis 99
Incentivo do bispo diocesano 101
Destinação dos bens temporais 104
Conclusão 106

Capítulo 8 – Os princípios católicos da Constituição do Brasil 109
Introdução 109
O alicerce da sociedade política 110
Os objetivos do Brasil 112
A moral católica: defensora dos princípios fundamentais do Estado 114
Os princípios católicos na salvaguarda da família 117
Conclusão 119

Conclusão geral 121

Bibliografia 123

Impresso na gráfica da
Pia Sociedade Filhas de São Paulo
Via Raposo Tavares, km 19,145
05577-300 - São Paulo, SP - Brasil - 2010